Ein Strauss voller Überraschungen

*Der umjubelte Walzerkönig ist in den 1870ern im Zenit seines Schaffens.
1872 folgt er dem Ruf in die USA.
Der Beginn von Johann Strauss' amerikanischer Reise.
Karikatur von Karl Klič aus dem liberalen Witzblatt »Der Floh«,
1871. Ausführung: Johann Tomassich.*

BERNHARD ECKER
PETER HOSEK

JOHANN STRAUSS' AMERIKANISCHE REISE

MOLDEN

Unbegrenzte Möglichkeiten
Auf ins Bostoner Coliseum, 1872 für einige Monate die größte Musikbühne der Welt! In den USA warten Ruhm, Tantiemen und geschäftstüchtige Verleger auf den Walzerkönig aus Europa.

INHALT

1. KAPITEL

GRÖSSER, LAUTER, BERÜHMTER

Am 29. Mai 1872 um 8.30 Uhr erreicht das entscheidende Telegramm Johann Strauss in seiner Hietzinger Villa. »Soeben Nachricht von London erhalten, dass das Geld in der Anglobank deponirt ist.« Absender ist Florenz Ziegfeld, Direktor der Musikakademie in Chicago und als Spezialagent in Europa für das Bostoner Weltfriedensjubiläum unterwegs, das größte Musikfestival, das die Welt bis dahin gesehen hat. Es soll in weniger als drei Wochen beginnen.

Die Botschaft ist klar: Die vereinbarte Gage von 3.500 britischen Pfund ist nun bei der Anglo-Österreichischen Bank in Wien abrufbar. 500 Pfund wolle er, Ziegfeld, bar in Bremen übergeben, weshalb sich Strauss noch an diesem Tag dorthin in Bewegung setzen möge.

Das ist der Auftakt zum Aufbruch und zu einer Reise, die Rekorde und Sensationen verspricht. 3.500 Pfund entsprechen rund 20.000 US-Dollar und rund 40.000 österreichischen Gulden, nach heutiger Kaufkraft sind das über eine halbe Million Euro. »In keiner europäischen Stadt würde er in 20 Jahren eine so hohe Summe verdienen«, wird ein paar Wochen später die in London erscheinende »Musical World« über Strauss schreiben.

Das Telegramm ist aber auch das Startsignal für Ängste aller Art. Bevor der Künstler und seine Frau Henriette, genannt »Jetty«, sich auf den Weg von Wien-Hietzing nach Norddeutschland und dann über den Atlantik nach Nordamerika machen, wo ihnen neben viel Geld ebenso viel Ruhm und ein Publikum von 100.000 Zuhörerinnen und Zuhörern in Aussicht gestellt worden ist, verankern sie noch eilends in ihrem zehn Tage davor aufgesetzten Testament einen Nachtrag. Er beginnt mit: »Im Falle wir beiden auf der jetzt anzutretenden Reise einem Unglücke unterliegen sollten (…).«

Von der vierköpfigen Reisegruppe, Johann und Jetty Strauss samt den Dienstboten Stephan Detoni und Anna Cedek, nimmt bei ihrer Abfahrt am Wiener Staatsbahnhof, dem späteren Ostbahnhof, niemand Notiz, obwohl der Diener den Geigenkoffer seines Herren stets gut sichtbar vor sich herträgt. Dabei ist Strauss, der noch nicht 47 Jahre alt ist, in der Reichshaupt- und Residenzstadt eine Berühmtheit und dem Schatten seines gleichnamigen Vaters längst entwachsen. 1867 findet die Erstaufführung des Walzers *An der schönen blauen Donau* op. 314 statt – es ist das erste Musikstück der Welt, das die Bezeichnung »Schlager« bekommt, bereits zwei Tage nach der Uraufführung. Exakt ein Jahr darauf wird die Schnellpolka *Unter Donner und Blitz* op. 324 uraufgeführt, auch sie gilt bis heute als »Schlager«.

Den prestigereichen Titel eines k. k. Hofball-Musikdirektors reicht Johann Strauss zwar 1871 an seinen jüngeren Bruder Eduard weiter wie einen Wanderpokal, er darf ihn aber weiterhin führen – und darauf kommt es in Wien mehr an als anderswo. Aus dem Hirschenhaus in der Taborstraße, benannt nach dem früheren Einkehrgasthof »Zum Goldenen Hirschen« an dieser Stelle, das über viele Jahrzehnte den Knotenpunkt des Strauss-

Familienlebens in Wien-Leopoldstadt bildet, ist er ausgezogen, erst in die nahe Praterstraße, dann in sein neues Domizil: eine Villa in Hietzing, in unmittelbarer Nähe von Schloss Schönbrunn. Der Walzerkönig hat neben dem Kaiser Platz genommen. Die Zeitungen protokollieren in diesen Jahren bereits jeden seiner Schritte, somit ist die Wiener Öffentlichkeit durch regelmäßige Notizen auch über die Reise nach Boston im Bild.

Dennoch errät niemand das Abfahrtsdatum – weil es sich mehrmals nach hinten verschiebt. Hektik regiert diesen Mai im Leben von Johann Strauss Sohn. Mietwucher-Vorwürfe in den Gazetten, denen er sich als mehrfacher Immobilienbesitzer ausgesetzt sieht und auf die er prompt reagieren muss; das Testament, mit dem er und seine Frau sich wechselseitig als Universalerben einsetzen, für den beidseitigen Todesfall aber die Gründung eines »Johann und Jetty Strauss Stiftungshauses für arme kranke Künstler« anordnen; Ideen für eine neue Operette. Diese Widrigkeiten, Überlegungen und Vorhaben ziehen mehr von seiner Aufmerksamkeit auf sich als eine geordnete Reisevorbereitung. Der Hauptgrund, warum Schiffe und Routen in letzter Sekunde mehrmals geändert werden, ist jedoch Strauss' überbordende Angst vor der Reise. Unfreiwilliger Dompteur dieser Angst wird Florenz Ziegfeld.

Der 30-jährige Neo-Amerikaner ist bereits im April nach Europa gekommen, um noch offene Punkte in den Verträgen zu konkretisieren, vor allem aber um die Stars des Festivals aufzulesen und sie Richtung Schiff zu bugsieren. Nach erfolgreichen Stopps in London und Paris kommt er nach Wien, wo ihm Strauss bei einem gemeinsamen Besuch der Hofoper in der Loge geradeheraus eröffnet: »Ich werde niemals nach Amerika fahren. Es ist zu riskant. Ich würde bei der Überfahrt mit Sicherheit ertrinken.« Als Ziegfeld kontert, der Komponist habe einen Vertrag unterschrieben, streitet der Künstler dies rundweg ab. Er will auch nicht mehr über Amerika reden. Aus. Schluss. Verhandeln zwecklos.

Der Amerikaner lässt sich nicht abwimmeln. Tags darauf versucht er es bei einem Abendessen in der Strauss-Villa in Hietzing erneut. Der Gastgeber kredenzt dem Besucher – nur der Höflichkeit halber, wie er anmerkt – sogar ungarischen Tokajer lässt ihn jedoch erneut abblitzen.

In seinem Wiener Hotelzimmer erhält Ziegfeld am nächsten Vormittag ein Telegramm von Jetty, laut Ziegfeld *business head* des Strauss-Haushalts, in Wahrheit längst eine Art doppelter CEO der Strauss-Company: Chief Executive Officer und Chief Emotional Officer. Er möge, schreibt Frau Strauss, das Thema Amerika bitte nicht mehr erwähnen, weil ihr Mann sonst nicht schlafen könne. Um Missverständnisse auszuschließen, sucht der Walzerkomponist persönlich den Festivalagenten am Nachmittag auf und teilt ihm mit, dass seiner Kutsche auf dem Weg hierher zwei Schweine über den Weg gelaufen seien, ein untrüglich schlechtes Omen. Es sei ihm deshalb »absolut unmöglich«, nach Boston zu kommen.

Nun schlägt die große Stunde des gewitzten Ziegfeld, Sohn eines Bürgermeisters aus dem friesischen Jever und ausgebildeter Pianist, der 1863 in die USA ausgewandert ist. Ob er, Strauss, denn nicht wisse, dass ein Schwein Glück bringe? Schwein gehabt, Glück gehabt. Zwei Schweine, doppeltes Glück! Seine Schlussfolgerung ist so simpel wie messerscharf: »Sie sind der glücklichste Mann der Welt, das bedeutet eine sanfte Überfahrt.«

Der Maestro wird stutzig und stellt immerhin nicht mehr gänzlich in Abrede, einen Vertrag abgeschlossen zu haben. Am nächsten Tag lässt er über einen Mitarbeiter anfragen, was es ihn kosten würde, von diesem Kontrakt zurückzutreten. So viel Geld sei in Wien gar nicht vorhanden, antwortet ihm Ziegfeld schlau und erkennt, dass das finanzielle Argument im Strauss-Haushalt Eindruck macht.

Das Pendel schwingt noch mehrmals hin und her. In Berlin, seiner nächsten Station der europäischen Festivalvorbereitungstour, erreicht den Agenten ein Telegramm aus Wien.

Hand in Hand, Seite an Seite

Henriette »Jetty« Strauss hat zum Zeitpunkt der amerikanischen Reise ihre Karriere als Opernsängerin bereits hinter sich. Ohne sie wäre ihr Mann, Johann Strauss Sohn, wohl kaum auf den Dampfer »Rhein« gestiegen, Aufnahme von 1862.

Ihr Mann, lässt ihn Jetty wissen, habe einen Nervenzusammenbruch erlitten und von seinem Arzt dringend eine Kur empfohlen bekommen. Ziegfeld steht kurz vor einem Treffen mit Reichskanzler Otto von Bismarck, dem er das endgültige Einverständnis zur Entsendung einer preußischen Militärkapelle nach Boston abringen will, und antwortet kurz angebunden: »Sie müssen den Vertrag erfüllen oder die Konsequenzen tragen.« »Mein Mann ist nicht in einem Zustand, Ihren beleidigenden Brief zu lesen«, kommt es aus Wien zurück. Ziegfeld bleibt jedoch hart: »Es wird Sie ein Vermögen kosten, und ich werde notfalls den ganzen Sommer bleiben, um den Vertragsbruch anzufechten.«

Das wirkt. Erstmals wird eine konkrete Schiffspassage ins Visier genommen. Die »Weser«, ein Dampfer der Amerika-Linie Norddeutscher Lloyd (NDL), soll am 25. Mai von Bremerhaven in Richtung New York ablegen. Der kapriziöse Künstler will aber erfahren haben, dass die Reederei Hapag aus Hamburg sicherer ist, Mitte Mai werden von der US-Botschaft in Wien Tickets für das Hapag-Schiff »Thuringia« gekauft, das am 29. Mai von Hamburg ablegt und am 1. Juni fahrplanmäßig im französischen Le Havre Station macht. Dort soll sich das Ehepaar mit den Dienstboten einschiffen.

Das ist jedoch ein Scheinmanöver Ziegfelds, der einen Generalvertrag mit dem NDL hat. Die Hapag-Tickets sollen daher mit tatkräftiger Unterstützung der US-Botschaft in Wien wieder annulliert werden – Johann und Jetty lenken ein, ins Auge gefasst wird nun eine Überfahrt mit einem Schiff namens »Rhein«. Ziegfeld wähnt sich am Ziel und wartet bereits im vornehmen Hotel Hillmann in Bremen auf das Wiener Quartett. Da trifft eine erneute Absage von Strauss ein, diesmal ohne eine Krankheit vorzuschützen. »Ich kann nicht reisen.«

Ziegfelds Coolness bekommt erste Schrammen, es geht jetzt um alles oder nichts. Die Zeit drängt, alle anderen europäischen Verträge für das Festival sind bereits unter Dach und Fach. Will

Norddeutscher Lloyd.
Postdampfschifffahrt
von Bremen nach Newyork und Baltimore
eventuell **Southampton** anlaufend.

D. Deutschland	4. Mai	nach	Newyork	D. Weser	25. Mai	nach	Newyork
D. Leipzig	8. „	„	Baltimore	D. Bremen	28. Mai	„	Newyork
D. Donau	11. „	„	Newyork	D. Rhein	1. Juni	„	Newyork
D. Hannover	14. „	„	Newyork	D. Baltimore	5. Juni	„	Baltimore
D. Hermann	18. „	„	Newyork	D. Main	8. Juni	„	Newyork
D. Köln	22. „	„	Baltimore				

und ferner jeden Mittwoch und Sonnabend.
Passage-Preise nach Newyork: Erste Cajüte **165** Thaler, zweite Cajüte **100** Thaler, Zwischendeck **55** Thaler Preuß. Courant.
Passage-Preise nach Baltimore: Cajüte **135** Thaler, Zwischendeck **55** Thaler Preuß. Courant.

Von Bremen nach Neworleans via Havre
und **Havana**
von Mitte September an ein oder zweimal monatlich.
Passage-Preise: Cajüte **180** Thaler, Zwischendeck **55** Thaler Preuß. Courant.

Von Bremen nach Westindien via Southampton.
Nach **St. Thomas, Colon, Savanilla, La Guayra** und **Porto Cabello** mit Anschlüssen via **Panama** nach allen Häfen der Westküste Amerikas, sowie nach **China** und **Japan.**
D. **Graf Bismarck** 7. Mai. D. **König Wilhelm I.** 7. Juni
und ferner am 7. jeden Monats. *
Nähere Auskunft ertheilen sämmtliche Passagier-Expedienten in **Bremen** und deren inländische Agenten, sowie [8114
Die Direction des Norddeutschen Lloyd.

Reisekonjunktur
1872 verzeichnen deutsche Häfen das stärkste Auswandererjahr in diesem Jahrzehnt. Davon profitiert vor allem der Norddeutsche Lloyd (Anzeige im »Hannoverschen Courier« vom 5. Mai 1872). Ein Erste-Klasse-Ticket von Bremerhaven nach New York kostet 165 preußische Taler.

er die Künstlergesellschaft rechtzeitig zu Beginn des Festivals in Boston haben, muss er Deutschland spätestens am 1. Juni verlassen, und selbst das ist knapp kalkuliert. Ein letzter, langer Brief »an den geehrtesten Herrn Musikdirector«, verfasst in gestochen scharfer Handschrift, soll den wankelmütigen Wiener doch noch umstimmen. »Die Amerikaner rechnen fest darauf den berühmten Strauss zu sehen«, versucht er dem Maestro gleichzeitig zu schmeicheln und ein schlechtes Gewissen zu machen. »Sollte ich jetzt nach America telegraphiren: Strauss kommt nicht! – das Entsetzen würde furchtbar sein. Der Contract wurde gemacht und jetzt in dem letzten Augenblicke telegraphiren Sie: Kann nicht reisen. Welche Unkosten Ihr Engagement uns schon gemacht hat wissen Sie sehr wohl und es wäre wirklich schrecklich, sollten Sie bei Ihrem Beschluß beharren.« Dann kommt

Ziegfeld zum Kern der Angelegenheit: »Ein kranker Mann kann nicht reisen, das ist wirklich wahr; doch wenn Sie gefragt würden: woraus besteht Ihre Krankheit? so würden Sie antworten müssen: Furcht vor der Reise!« Und er versucht den Verängstigten von der Sicherheit der modernen Dampfschiffe und der relativ günstigen Reisezeit zu überzeugen: »Die Bremer Dampfer sind ausgezeichnet, im Juni, July, August sind keine Stürme zu befürchten. Nein mein lieber Herr Strauss Sie dürfen kein ganzes Land damit in Verlegenheit bringen (...)«

Am Ende ist es wohl der Hinweis im Postskriptum des Schreibens, der den im Panikmodus befindlichen Künstler überzeugt, seine Absage zu widerrufen. Es ist der Hinweis, dass die anderen Boston-Stars schon fix gebucht sind. Diese Blöße kann sich Strauss nicht geben. Als Sicherheitspfand für alle Eventualitäten behält Ziegfeld die 500 Pfund zurück, die sich Strauss persönlich in Bremen abholen muss. »Ok, ich komme nach Bremen«, schreibt Strauss schließlich an den Agenten. Nachsatz: »Aber Sie müssen die gesamte Verantwortung übernehmen.«

Ziegfeld hat die erste Schlacht des Nervenkriegs für sich entschieden. Es wird die »Rhein«, Abfahrt ist am 1. Juni.

Historische Aufbrüche aus Wien Richtung Bremerhaven gibt es in diesen Tagen mehrere. Am 30. Mai 1872, dem Fronleichnamstag, verlässt eine Reisegesellschaft den Staatsbahnhof, die deutlich mehr Aufmerksamkeit bekommt als die kleine Gruppe rund um den Komponisten tags zuvor. Fünf Hunde, die Hälse mit grünen Kränzen behangen, sind für die Zeitungsreporter und Bahnhofskiebitze die Hauptattraktion des Nachmittags. Für die Tiere ist ein eigener Waggon reserviert, Monate später werden sie schwere Schlitten durchs Packeis ziehen. Sie gehören zur 24-köpfigen Payer-Weyprecht-Expedition, von der sich knapp mehr als die Hälfte – elf Matrosen und zwei Tiroler Gebirgsjäger – an diesem Tag am Bahnhof einfindet und sich in einen Zug setzt, der sie zum Abfahrtshafen in Norddeutschland bringt. Die Expedition wird im Nördlichen Eismeer eine Inselgruppe entdecken, das nach Ihrer Majestät benannte Kaiser-Franz-Josefs-Land. Wer so viel Ruhm einfährt, ist auch reif für eine der inoffiziell höchsten Auszeichnungen der Donaumonarchie, ein original Strauss-Werk: Eduard Strauss, Johanns um zehn Jahre jüngerer Bruder, wird den beiden Expeditionsleitern Carl Weyprecht und Julius Payer nach ihrer Rückkehr einen eigenen Marsch komponieren: den 1875 uraufgeführten *Weyprecht-Payer-Marsch* op. 120.

Für den ältesten der Strauss-Brüder gilt es jetzt aber vor allem anderen, die Zugfahrt zu überstehen. Auf großen Rummel kann er gern verzichten. Von allen Ängsten, mit denen er ausgestattet ist – und es sind deren viele –, ist die Reiseangst eine der notorischsten. Was Herr Ziegfeld eben erst erfahren hat, wissen die Wienerinnen und Wiener schon längst. Wenn Strauss mit dem Zug über den Brenner oder den Semmering fährt, so notiert die »Neue Freie Presse« in diesen Jahren leicht belustigt, kann er das nur »bei fest verschlossenen, dicht verhängten Coupéfenstern«. Fährt der Zug über eine Brücke oder durch einen Tunnel, muss er sich auf den Boden des Abteils legen. Jede Art von Steigung ist ihm ein Gräuel, deshalb werden ihm Gebirgstouren »zu Fuße oder im offenen Wagen«, so die »Presse« weiter, »zur puren Unmöglichkeit«. Die Wiener Gesellschaft nimmt das als Marotte wahr, über die man mit Amüsement in der Zeitung liest. Hat Strauss nicht auch eine Polka mit dem Titel *Vergnügungszug* op. 281 komponiert?

Doch es sind stets Spielarten der Todesangst, die ihn plagen. Sie werden ihm auch in Amerika das Leben schwer machen.

Strauss' Weg führt – wie jener der Expeditionsteilnehmer – über Prag, Dresden, Magdeburg, Braunschweig und Hannover. Folgt man den Payer-Weyprecht-Chronisten, tauchen entlang der Strecke nach den vertrauten Landschaften bald Hopfenfelder auf, später Pappelalleen, Weiden, strohgedeckte Backsteinhäuser. Bei verhängten Fenstern wird Strauss nichts davon gesehen haben, große Gebirge sind zu seinem Glück keine zu überwinden.

Am 31. Mai 1872 erreicht der Zug Bremen, wo Ziegfeld ihm das Geld übergibt. Dann geht es gemeinsam weiter nach Bremerhaven, mit der zehn Jahre zuvor eröffneten Geestebahn direkt ans Hafenbecken.

Von der Nordpolfahrertruppe, die am 12. Juni auf der eigens gebauten Schonerbark »Admiral Tegetthoff« losstartet, hat Strauss vielleicht nicht einmal gewusst, andere als musikalische Entdeckungsfreuden sind von ihm nicht überliefert. Im Fall seiner anstehenden Reise verhält es sich ja eher umgekehrt: Amerika entdeckt in diesen Jahren den Walzerkomponisten aus Europa.

Die Amerikaner sind nach den Erschütterungen der 1860er-Jahre begierig auf Kultur aus der Alten Welt. Die tiefen Wunden des Bürgerkriegs, der von 1861 bis 1865 andauerte, sollen schnell geheilt und durch ein allgegenwärtiges Schneller-Höher-Weiter-Größer vergessen gemacht werden. Noch sind die Bürgerkriegsgeneräle in Politik und Gesellschaft omnipräsent, doch die folgenden Dekaden gehören den wagemutigen Zivilisten. Die Industrie wird rasant entwickelt, die ersten Eisenbahnlinien quer über den Kontinent werden fertiggestellt. Optimismus und der unbedingte Glaube an das Machbare beginnen zu regieren. »Bigger is better« ist das neue Credo, das auf alle Lebensbereiche angewandt wird: auf die Stadtentwicklung, auf die Fabriken, auf die Kultur. In New York City beginnen soeben die Planungen für die größten Hochhäuser ihrer Zeit: das Western Union Telegraph Building im Financial District von Manhattan und das New York Tribune Building nahe der Brooklyn Bridge, Vorläufer der ersten Wolkenkratzer.

In diesen Zeitgeist fügt sich das große World's Peace Jubilee in Boston, dem Dauer-Rivalen New Yorks, perfekt. Das musikalische Großereignis ist dem Weltfrieden gewidmet, der nach Beendigung des Deutsch-Französischen Kriegs 1870/71 gefeiert werden soll. Die Stadtoberen der 250.000-Einwohner-Stadt lassen keine Gebäude in den Himmel wachsen, sondern Spektakel.

Der irischstämmige Bandmaster Patrick S. Gilmore hat seine musikalische Rekordjagd bereits während des Bürgerkriegs begonnen: Zwei Kapellen aus Boston hat er 1864 nach New Orleans begleitet, um bei der Inauguration des dortigen Gouverneurs aufzuspielen. Die Eckdaten – 500 Musiker, 6000 Chorsänger, 50 Kanonen, 40 Amboss schlagende Soldaten, ein Simultanläuten aller Glocken der City von New Orleans – müssen unbedingt übertroffen werden.

Mit dem nationalen Friedensfest 1869 in Boston haut Gilmore, von US-Musikhistorikern als Vorläufer des berühmten John Philip Sousa eingeordnet, das erste Mal richtig auf die Pauke, verdoppelt seine musikalischen Streitkräfte und landet einen riesigen, auch finanziellen Erfolg. Bei den musikalischen Celebritys greift er nach den Sternen, erreicht sie aber noch nicht: Gilmore fragt neben Giuseppe Verdi aus Italien auch den Wiener Maestro Strauss wegen einer Teilnahme an. Damals sagt der Umworbene ab, wegen unauflösbarer Verpflichtungen in Russland, wo er seit 1856 in insgesamt elf Sommern nahe der Sommerresidenz des Zaren in Pawlowsk umjubelte – und hervorragend dotierte – Konzerte gab.

1872 soll es für Gilmore und das Bostoner Publikum nun klappen. Diesmal begibt er sich persönlich nach Wien-Hietzing, um Strauss zu ködern. Die Anwerbeversuche starten im Herbst 1871, Gilmore ist gewappnet mit einem Empfehlungsschreiben des Bürgermeisters von Boston und von US-Präsident Ulysses S. Grant; 1872 ist ein Präsidentenwahljahr, der Wahlkampf wird auch im Rahmen des Bostoner Festivals ausgetragen.

»Was, wenn mich einer Ihrer Indianer massakert?«, soll Strauss zu Gilmore in einer ersten Reaktion gesagt haben, es ist nicht als Scherz gemeint. Er zögert, und doch sind die Aussicht auf weitere Geschäftsmöglichkeiten und die Chance, seinem Leben eine Wendung und eine neue Richtung zu geben, verlockend. In Aussicht gestellt wird das »größte Konzert aller Zeiten in der größten Halle der Welt mit dem größten Orchester und dem größten Chor«. Die Anzahl der aktiv Musizierenden wird mit über 22.000 angegeben. Im Publikum sollen sich Delegationen nicht nur aus dem angloamerikanischen Raum einfinden, sondern auch aus Griechenland, dem Heiligen Land, China und Japan. Dazu dieses fantastische Honorar – das Verkaufsgenie Gilmore ködert den Superstar aus Europa mit Superlativen. Noch 100 Jahre später wird dieser Stoff für einen Eintrag ins »Guinness-Buch der Rekorde« reichen.

Es trifft sich gut, dass in Wien gerade ein junger Tenor aus Boston studiert, George Osgood, der den Meister und dessen Frau in den folgenden Wochen weiter bezirzt. Am Ende sagt Strauss zu, ein Grundsatzvertrag wird unterschrieben, im Februar kündigen ihn die amerikanischen Zeitungen als Fixstarter an. Er entscheidet sich gegen eine Verpflichtung in Russland und nimmt sogar ein Pönale in Höhe von 7.000 Gulden in Kauf, das er nach ergebnislosem Hin und Her ein Jahr später der Eisenbahngesellschaft von Zarskoje Selo, Veranstalterin der Konzerte, bezahlen muss: Die Strafe entspricht rund einem Sechstel des amerikanischen Honorars – schmerzhaft, aber verkraftbar.

Es ist zwar nicht die erste Schiffsreise für Strauss. Schon 1847/48, mitten in das Revolutionsjahr hinein, schipperte er, ein Hoffnungsträger für die nichtdeutschen Teile des Habsburgerreichs, donauabwärts nach Belgrad und fuhr dann per Kutsche in die Walachei weiter, wo er Konzerte gab und Revolutionsluft schnupperte. Auch für die Reise nach Pawlowsk nahe Sankt Petersburg gibt es vor der Errichtung einer durchgehenden Eisenbahnverbindung nur die Möglichkeit, das letzte Stück per Schiff vom damals preußischen Stettin aus zurückzulegen.

Aber diesmal ist es anders, nicht vergleichbar in Dimension, Ausstattung und Ausrichtung. Strauss hat dem Osten abgesagt und sich für die Neue Welt entschieden.

Fahrgäste müssen nicht unter notorischer Reiseangst leiden, um beim Anblick des Schiffs weiche Knie oder gar kalte Füße zu bekommen. Zeitungen notieren zumindest zwei Reisende, die

Aufbruchsstimmung
Die »Rhein« vor der Abfahrt von Bremerhaven.
Der Zug der Geestebahn ist bis zur Abfertigungshalle gefahren.
Zumindest zwei Passagiere sollen beim Anblick des Dampfschiffs kurz vor der Strauss-Überfahrt noch kalte Füße bekommen haben.

sich an diesem 1. Juni 1872 in letzter Sekunde doch noch dafür entscheiden, lieber an Land zu bleiben.

Ein Holzschnitt aus dem Jahr 1871 zeigt die »Rhein« vor der zwei Jahre zuvor errichteten großen Abfertigungshalle des NDL in Bremerhaven, der sogenannten Lloydhalle, an der Westseite des Neuen Hafens. Das Schiff steht bereits unter Dampf, der Zug der Geestebahn hält an der Ablegestelle. Aus kastenförmigen Waggons auf einem anderen Gleis werden Gepäckstücke entladen. Von überallher strömen Menschen erst auf die Kaianlage an der Außenweser und dann auf das Schiff, das über mehrere hölzerne Brücken zu erreichen ist.

Wer unter akuter Höhenangst litt wie Strauss, dessen Nerven werden an dieser Stelle noch einmal arg strapaziert. Und doch, der Dampfer fährt mit dem Walzerkönig an Bord ab.

Die »Rhein« ist 1872 gerade vier Jahre alt und zu diesem Zeitpunkt – für kurze Zeit – das größte Schiff des Lloyd: 106 Meter lang, zwölf Meter breit, 2.902 Bruttoregistertonnen schwer, 13,5 Knoten Maximalgeschwindigkeit, 3000 PS Maschinenleistung. Erbaut in der Werft Caird im schottischen Greenock, gehört das Schiff zur »Hansa-Klasse« des Norddeutschen Lloyd. Der Dampfer mit dem eisernen Rumpf – Stahl wird erst ab den 1880ern eingesetzt – bietet offiziell Platz für 774 Passagierinnen und Passagiere, dazu kommen maximal 117 Köpfe Besatzung, also Offiziere, Bootsleute, Zimmermänner, Matrosen, Maschinenpersonal, Heizer, Kohlenschaffer, Stewards und Bedienung sowie Küchenpersonal.

Während des Deutsch-Französischen Kriegs 1870/71 brach der Transatlantikverkehr ein. 1872 wird aber zum Rekord-Auswandererjahr. 128.152 Emigrierungswillige werden in diesem Jahr von deutschen Häfen registriert, eine Zahl, die erst zehn Jahre später wieder erreicht werden wird. Mehr als die Hälfte, 67.000, schiffen sich in Bremen bzw. Bremerhaven ein, um fast 10.000 mehr als in Hamburg, wo der Lloyd-Konkurrent Hapag seinen Hauptsitz hat. Das Geschäft brummt. Die schottischen Werften können die nachbestellten Schiffe gar nicht so schnell bauen, wie sie gebraucht werden.

Weil es mehr Nachfrage als Platzangebot gibt, werden die Schiffe überladen. Auch die »Rhein«. Die der Hafenbehörde gemeldete offizielle Zahl der Reisenden beim Verlassen des Heimathafens am 1. Juni ist niedriger als jene in der Passagierliste. 794 Personen, also bereits um 20 mehr als es der technischen Kapazität entspricht, werden in Bremerhaven nebst 500 Tonnen Fracht notiert. Auf der später erstellten Liste in den USA finden sich dann 810 Namen.

In den Stunden vor der Überfahrt mag es folglich noch hektisch zugegangen sein: Reisende, die in letzter Sekunde an Bord kommen, Doppelbelegungen, gar nicht zu reden von blinden Passagieren.

Für die stark steigende Zahl der Emigrationswilligen liegt in Bremen die »Auswandererzeitung« auf, die über Schiffsverbindungen sowie über Dos and Don'ts informiert. Die Behörden veröffentlichen darin Warnungen vor Bauernfängern, Taschendieben und anderen Kleinkriminellen: Wer auswandert, egal in welcher Klasse er fährt, hat seine wertvollsten Gegenstände in der Regel bei sich. Im Mai 1872 wird in der »Auswandererzeitung« vor den englischen Linien ab Liverpool gewarnt, auf denen die Besatzung den armen Emigranten sogar die Schnapsvorräte abknöpft. Es ist das Zeitalter des Nationalismus: Deutsche wandern, selbst wenn sie ihr Land verlassen, immer noch besser auf deutschen Schiffen aus.

Nur die wenigsten können sich vor ihrer Abfahrt in noblen Hotels einquartieren wie Florenz Ziegfeld. Für die Passagiere des sogenannten Zwischendecks oder *Steerage* gibt es in Bremerhaven Billighotels. Sie sind beengt, schmutzig und wahre Infektionsbrutstätten.

An Bord der »Rhein« herrscht eine Drei-Klassen-Gesellschaft. 59 Personen reisen in der ersten Klasse, *Cabin Upper Saloon*, 120 in der zweiten Klasse, *Cabin Lower Saloon*, 631 im Zwischendeck. Die Passagiere der billigsten Klasse müssen schon drei Stunden vor Ablegen des Schiffes da sein, die Reisenden, die die teureren Kabinen gebucht haben, kommen knapper vor der Abfahrt.

Die Preisunterschiede sind beträchtlich: 165 preußische Taler für die Luxusklasse, 100 Taler für die zweite Klasse, 55 Taler für das Zwischendeck. Zwei Mal Strauss in der ersten Klasse plus zwei Mal Dienstboten in der zweiten Klasse – bezahlt von den *Boston Jubilee*-Veranstaltern – kosteten also 530 Taler, mit der Rückfahrt sind es 1.060 Taler. Das entspricht heute rund 25.000 Euro. Zur Orientierung: Baumwoll- und Leinenweber verdienen zu dieser Zeit kaum über zehn Taler pro Monat. Der Dresdner Verleger Münchmeyer bietet 1870 dem Schriftsteller Karl May einen Redakteursposten mit einem Jahresgehalt von 600 Talern an.

Oben und unten
Passagiere der 3. Klasse – auf der »Rhein« waren es 631 – hatten ihr eigenes Essgeschirr und Bettwäsche mitzunehmen. Es waren in der Regel Bauern, Arbeiter, Handwerker, die ein One-Way-Ticket in eine erhofft bessere Zukunft gelöst hatten.

Die Belegung der »Rhein« ist ein Panorama der Auswanderergesellschaft der zweiten Hälfte des 19. Jahrhunderts. Ganze Familien haben ein One-Way-Ticket in eine vermeintlich bessere Zukunft gelöst, teilweise reisen Mutter, Vater und bis zu sechs Kinder. Der größte Teil dieser Passagiere nimmt im Zwischendeck Platz, anders wäre es nicht leistbar. Dort sind die hygienischen Zustände verheerend, die Sexualmoral offenbar auch: Die »Auswandererzeitung« diskutiert in diesen Tagen gerade, ob man eine Geschlechtertrennung nach Vorbild französischer Schiffe auch auf deutschen Dampfern durchsetzen könne. Schon bisher sind nach den Vorgaben der Behörden Männer möglichst im vorderen Schiffsraum unterzubringen, Familien in der Mitte, allein reisende Frauen hinten; oft organisieren sich die Reisenden auch in Nationalitäten.

Man muss sich diese schwimmenden Schlaf- und Aufenthaltsräume im Zwischendeck unterteilt in mehrere Sektionen vorstellen. Sie ähneln Sälen mit langen Tischen in der Mitte; an den Wänden befinden sich die zweistöckigen Betten; eine Verordnung des Bremer Senats hat bereits 1849 mehr als zwei Kojen übereinander verboten. Während den Kajütenpassagieren Bettwäsche und Handtücher zur Verfügung gestellt werden, müssen sich die Zwischendeckreisenden selbst versorgen, auch mit Ess-, Trink- und Waschgeschirr.

Viele behalten ihre Kleidung und ihre Schuhe an, nehmen nicht einmal ihre Hüte ab, wenn sie in ihren Betten liegen. Der Brechreiz rührt nicht nur vom unruhigen Seegang her, sondern auch vom allgegenwärtigen Gestank nach Erbrochenem. Auch die mitgebrachten Schnäpse wirken in dieser Hinsicht doppelt: Erst beruhigen sie, dann reizen sie. Belüftung und Beleuchtung sind inferior. Die meisten Reisenden wagen sich dennoch nur bei gutem Wetter an Deck, um etwas frische Luft zu schnappen.

Während der 15 Tage dauernden Überfahrt gibt es bei diesen Ausgängen jede Menge zu bestaunen. Ein großer Teil der Zwischendeckpassagiere auf der »Rhein« – darunter mehrere jüdische Familien aus den Ostteilen der Habsburgermonarchie – hat wohl noch nie zuvor das Meer gesehen, geschweige denn Schildkröten, Haie oder sogar Wale. Das Stampfen der Schiffsmotoren, das Klatschen der Wellen – auch fürs Ohr sind neue Töne dabei.

Rund ein Viertel der Passagiere hat landwirtschaftliche Wurzeln, das ist anteilsmäßig weniger als bei anderen Auswandererschiffen dieser Zeit. 115 geben als Beruf *Farmer* an, ebenso viele sind diesen zuordenbare Angehörige. Die aufstrebende Industrie der Vereinigten Staaten zieht Arbeitskräfte aus der alten Welt an: 76 Arbeiter, *Workmen*, samt Familien sind auf der »Rhein« vermerkt. Dazu kommt eine breite Palette von Handwerkern: fünf Schuhmacher, vier Metzger, je vier Schmiede und Schlosser, je drei Bäcker, Schneider und Maurer, zwei Fassbinder, ein Friseur, ein Bierbrauer.

Die Motive für die Reise sind unterschiedlich, der Aufbruch in ein besseres Leben ist der gemeinsame Nenner. Der Schneider Georg Halbsommer, 34, der im Zwischendeck mit seiner Frau Elise, 28, und dem elfmonatigen Töchterchen Helene reist, hat sich bisher erfolgreich dem preußischen Militärdienst entzogen.

In der zweiten Klasse sind Boston-Festival-Reisende und USA-Besucher ebenso vertreten wie Auswanderer. Seite an Seite mit den zwei Strauss-Dienstboten reist etwa auch ein Fotograf aus Darmstadt, Hector Kraus. Er wird später in Hoboken, New Jersey, ein eigenes Geschäft eröffnen und einer der ersten Entwickler der sogenannten Chronofotografie sein. Viele Reisende in dieser Mittelklasse sind ganz einfach Neugierige, Glücksritter, Familiennachzügler, die Zuordnung ist nicht immer eindeutig.

Der amerikanische Schriftsteller Mark Twain beschrieb 1867 eine typische zweite Klasse der Amerika-Linie: eine Kabine mit zwei Schlafkojen, trübem Deckenlicht, einem Ausguss mit einer Waschschüssel, vor allem aber mit so wenig Platz, dass man sich gerade noch umdrehen kann, aber »zu wenig, um eine Katze herumzuschwingen, jedenfalls nicht mit völliger Sicherheit für die Katze«.

Während das Rauchen im Zwischendeck verboten ist, verfügen sowohl erste als auch zweite Klasse über ein Raucherzimmer. Details der Ausstattung in der obersten Klasse der NDL-Schiffe, wie sie Strauss, Ziegfeld & Co. bevölkern, kennen wir aus Werbeprospekten: ein geräumiger Salon mit feinsten Möbeln und Wandbildern, zwei Badezimmer, eine Bibliothek. Das Catering lässt keine Wünsche offen, Speisekarten eines Schiffes aus den frühen 1870ern führen etwa Ochsenschwanz-Suppe, Steinbutt, Hammel-Kotelettes, Hummer und Rehrücken, dazu eine beachtliche Auswahl an Weinen.

Während Bauern und Arbeiter in der untersten Klasse reisen, sind die Geschäftsleute auf der »Rhein«, insgesamt 35 an der Zahl, mehrheitlich ganz oben anzutreffen.

Einzigartig für Transatlantikfahrten dieser Zeit ist die Dichte an professionellen Musikern an Bord: 56 Reisende geben Musiker als ihren Beruf an, davon reist nur einer, ein junger Mann namens Henry Schoen, in der dritten Klasse. Seine Spur wird sich in den Weiten der Neuen Welt verlieren. Gut möglich, dass ganz oben die bestbezahlten Musiker ihrer Zeit die Überfahrt wagen und ganz unten ein Bettelmusikant reist.

Ein Kentern dieses Schiffs hätte nicht nur die Strauss'schen Albträume wahr werden lassen, sondern hätte auch die Pläne von Patrick S. Gilmore zunichte gemacht: Es sind die sehnsüchtig erwarteten Stars des bis dato größten Musikfestivals aller Zeiten, die auf dem stattlichen Dampfer reisen.

47 Mitglieder der Kapelle des preußischen Kaiser Franz Garde-Grenadier-Regiments Nr. 2 fahren in der zweiten Klasse, unter ihnen der für seine Etüdenhefte noch Generationen später von Studierenden gefürchtete Klarinettist Fritz Kröpsch. Der Kapellmeister, Heinrich Saro, ist der Einzige der Preußenkapelle, der ganz oben Platz nimmt. Ebenso auf einer Ebene mit Strauss reist das Kaiser-Wilhelm-Cornett-Quartett mit seinem Gründer Julius Kosleck, der sich in seinem Wirkungskreis bereits einen Namen als Musikpädagoge gemacht hat. Die in Wien geborene und aufgewachsene »Nachtigall von Leipzig«, die Sopranistin Minna Peschka-Leutner, ist ebenfalls an Bord. Sie alle werden einander auf der monströsen Bühne von Boston wieder begegnen und – je nach Bericht – einander die Show stehlen.

Wenn wir Strauss' Biografen zu Lebzeiten, Ludwig Eisenberg, glauben dürfen, lösen sich die allumfassenden Ängste des Meisters vor einem Schiffsunglück bald in Wohlgefallen auf, dem guten Wetter, der gewogenen Gesellschaft und der ruhigen See sei Dank. Nur an vier der 15 Tage werden die Mägen der Reisenden über ihre Verarbeitungskapazität hinaus strapaziert, aber es sind die anderen, die sich übergeben müssen. Ja, Strauss trinkt im Salon sogar Cognac mit dem erfahrenen Kapitän Johann Carl Meyer und raucht mit ihm Zigarren. Deutsches Bier ist auf der

Der Navigator

Der »Rhein«-Kapitän Johann Carl Meyer, hier auf einem Bild aus dem Jahr 1872, ist auf der Amerika-Linie nicht nur überaus erfahren, sondern auch ein exzellenter Gesprächspartner für seine Reisenden – mit Johann Strauss soll er Cognac getrunken und Zigarren geraucht haben.

Nerven aus Stahl
Florenz Ziegfeld, Generalagent des Bostoner Festivals, gelingt es in einem atemraubenden Hin und Her in den Wochen vor der geplanten Abfahrt, Maestro Strauss doch noch auf das Schiff – und in die USA – zu bringen.

Übersee-Transatlantikfahrt in der Regel reichlich vorhanden – in Amerika outet sich Strauss als Bierliebhaber, indem er sich öffentlich über die inferiore Qualität der dortigen Gebräue auslässt und vom Wiener Bier schwärmt.

Man muss den Eisenberg-Darstellungen, auf die viele spätere Biografien aufsetzen, mit Vorsicht begegnen. Niedergeschrieben in den 1890ern, waren sie dem Filter der Message Control durch Strauss' dritte Frau Adele unterworfen. Was nicht der Legendenbildung diente, wurde ausgelassen oder entfernt. Was die Strahlkraft der Marke Strauss stärkte, wurde akzentuiert oder hinzugedichtet. Der Komponist selbst, zu dieser Zeit längst eine Instanz, soll dieses erste Werk über ihn als Künstler nicht einmal gegengelesen haben.

Dennoch gibt es einen anderen, von Eisenbergs Aufzeichnungen unabhängigen Bericht der Überfahrt, der dessen Grundton bestätigt. Verfasser ist ein Oboist der preußischen Kapelle, der ihn von Boston aus an die Berliner Zeitung »Der Staatsbürger« schickt. Keine Stürme, keine hohen Wellen und nur wenige Seekranke, heißt es darin sinngemäß. Florenz Ziegfeld, der ebenfalls in Bremerhaven an Bord ging und in seinem Dringlichkeitsschreiben an Strauss mit der relativ ruhigen Reisezeit warb, kann aufatmen: Sein in der Not abgegebenes Versprechen ist nicht leer geblieben.

Bis zu einem Zwischenhalt in Südengland am 3. Juni geht es in der ersten Klasse noch etwas ruhiger zu. Es ist Gelegenheit, sich mit Ziegfeld über die Irritationen zu Beginn der Reise auszutauschen und so die Sprunghaftigkeit von Strauss vergessen zu machen. Der Festivalagent, dessen mitreisende Frau zum dritten Mal schwanger ist, spricht perfekt Deutsch.

In einem von seinem Sohn William K. Ziegfeld 1901 publizierten Reisebericht wird eine Szene mit Strauss an Bord beschrieben, die das diplomatische Geschick und die Geduld des Agenten im Umgang mit dem überspannten Maestro feiert:

»Als ich das Raucherzimmer erreichte, ging Strauss, der einzige Benutzer, auf und ab und stützte sich an den Geländern ab. ›Sie haben mich in diese Klemme gebracht; ich kann nicht schlafen, also sollen Sie auch nicht schlafen‹, rief er wütend, während er meine Hand ergriff und mir eine Zigarre gab, die er für eine gute Zigarre hielt. Ich nahm das Kraut in die Hand und steckte mir selbst eine an; so waren wir die ganze Nacht auf und sahen zu, wie die Sonne über dem Meer aufging.«

Während die Schiffe der Hapag im französischen Le Havre Zwischenstation machen, um Kohle zu ergänzen, laden die NDL-Schiffe in Southampton Brennstoff nach. Die späteren Stars von Boston werden bereits im Hafen der englischen Stadt gefeiert; sogar ein spontanes Konzert wird gegeben. Die Preußenkapelle spielt »nationale und populäre Stücke«, wie die lokalen Blätter melden, am Ende als Zeichen des Goodwills sogar die englische Nationalhymne.

Ziegfeld nutzt die günstige Situation und den Landgang, um seine Schützlinge in Stimmung zu bringen – vor allem Strauss. Er entführt die Sopranistin Peschka-Leutner, Kapitän Meyer und das Ehepaar Strauss zu einem Picknick in die nahe gelegene Zisterzienserabtei Netley Abbey. Bei diesem Ausflug gibt es laut seinen Erinnerungen einen neuerlichen »Bestechungsversuch« von Strauss, »um doch noch aus dem Vertrag auszusteigen«.

Doch Widerstand ist zwecklos geworden, auch von englischem Boden aus befördert der Manager den Musiker erfolgreich zurück auf die »Rhein«. Als das Schiff wieder aus dem Hafen dampft, gibt es laut Zeitungsberichten »lang anhaltenden Applaus« von einer »großen Zahl Menschen auf den Kais«. Das internationale Musikfest hat schon zwei Wochen vor dem Start des offiziellen Programms begonnen.

Neben der Fracht, darunter 68 Säcke Post aus England, Frankreich und Deutschland sowie französische Juwelen im Wert von 136.800 Francs, erwähnen die Celebrity-süchtigen Gazetten auch einige Kabinenpassagiere, die zugestiegen sind: Mrs. Mills, eine US-Staatsbürgerin, die laut Passagierliste mit ihren zwei Kindern Willy, 4, und Nellie, 3, und einer Dienstbotin reist, einer Frau namens Mary Patrick. Mr. D.S. Willard, vermutlich ein Spross der gleichnamigen Bostoner Uhrmacherdynastie, checkt ebenfalls in der ersten Klasse ein. Mr. H.E. Tompkins, 38, komplettiert die Neuzugänge, er ist ein amerikanischer Bürgerkriegsgeneral und hat mit Sicherheit ein Ohr für die militärischen Klänge an Bord.

Ebenfalls seit Southampton neu an Bord sind zwei Frauen, die nicht unbemerkt geblieben sein können, auch wenn es wohl ein wenig dauert, bis sich ihr Prominentenstatus herumspricht. Mary und Ida Greeley, Mutter und Tochter, dürfen sich große Hoffnungen machen, in wenigen Monaten »First Lady« bzw. »First Daughter« der Vereinigten Staaten zu sein. Die schwer lungen- und nervenkranke Frau von Horace Greeley, dem Gründer der »New York Tribune«, kehrt wieder einmal von einem Aufenthalt auf der Southampton vorgelagerten Isle of Wight zurück, wo sie sich regelmäßig von ihren vielen Leiden auskuriert. Ihre Tochter begleitete sie.

In England erfuhren die beiden Anfang Mai, was die ganze Welt in den Zeitungen las: Ihrem Mann bzw. Vater steht das

Rennen seines Lebens bevor. Beim Parteitag einer Abspaltung der Republikaner, der sogenannten Liberalen Republikaner, wurde Greeley zum Präsidentschaftskandidaten für die Wahlen im November 1872 nominiert. Die oppositionellen Demokraten unterstützen den Verleger – einen glühenden Abolitionisten, der in Sachen Sklavenbefreiung sogar Abraham Lincoln vor dessen Ermordung übertreffen wollte – im Duell gegen den republikanischen Amtsinhaber Grant, einen verdienten, etwas farblosen Bürgerkriegsgeneral. Damit wirkt Greeley ein halbes Jahr vor der Wahl wie der sichere Sieger.

Ida weiß angesichts der Invalidität ihrer Mutter schon jetzt, dass ihr als ältester Tochter die Repräsentationspflichten zufallen werden, die mit dem höchsten politischen Amt der USA verbunden sind; sie wird im Sommer nach ihrer Rückkehr genügend Gelegenheiten haben, sich auf Empfängen in dieser Rolle zu üben. Versucht sie sich darin auch schon in der relativ geschützten Atmosphäre des Schiffs, auf dem es keine Zeitungsreporter gibt?

Die »Rhein« ist jetzt übervoll. Elf Tage trennen die Passagiere von Amerika, es sind jene Tage der Reise, die angesichts der Dichte der Persönlichkeiten an Deck bei gleichzeitig dünner Quellenlage Raum für jede Menge Spekulation geben. Leider ist Strauss, anders als seine Brüder, kein versierter Schreiber. Vom zwei Jahre jüngeren Bruder Josef, genannt »Pepi«, gibt es etwa einen ausführlichen Bericht von der abenteuerlichen Besteigung des Traunsteins im Salzkammergut, in dem er unterhaltsame Anmerkungen zum mächtigen Berg, dessen Form er mit einem Gugelhupf vergleicht, ebenso anstellt wie zum Dialekt der Einheimischen. Derlei sucht man bei seinem großen Bruder vergebens. Daher sind wir auf die Schilderungen von Wegbegleitern, Mitreisenden und Reportern angewiesen sowie auf Erinnerungs-Versatzstücke und sonstige Dokumente.

2.
KAPITEL

EINE RÄTSELHAFTE BEGLEITERIN

Es ist merkwürdig, dass es von der Vielschreiberin Jetty Strauss keinerlei dokumentierte Erinnerungen, ob brieflich oder kolportiert, an die Schiffsreise gibt. Und noch merkwürdiger ist, dass ihr Name in der Passagierliste nicht auftaucht. Stattdessen ist unter der Zeile 19, die den Passagier »Johann Strauss, 46, m, Musician, Austria« ausweist, in der Zeile 20 eine »Catha Strauss, 40, f, Austria« verzeichnet, mit einem kleinen, hochgestellten a am Ende des Vornamens. Der verkürzte Vorname »Cath(arin)a« kommt in dem Dokument noch ein Dutzend Mal bei anderen Namen vor, es ist stets die Abkürzung für Catharina. Nirgendwo findet man in der Liste hingegen den Vornamen Henriette oder Jetty, auch nicht ihren früheren Namen Chalupetzky oder den Mädchennamen der Mutter, Treffz, den sie als Künstlernamen führte. Jetty ist zum Zeitpunkt der Reise nicht 40 Jahre alt, wie in der Passagierliste angegeben, sondern deutlich älter: 54 Jahre.

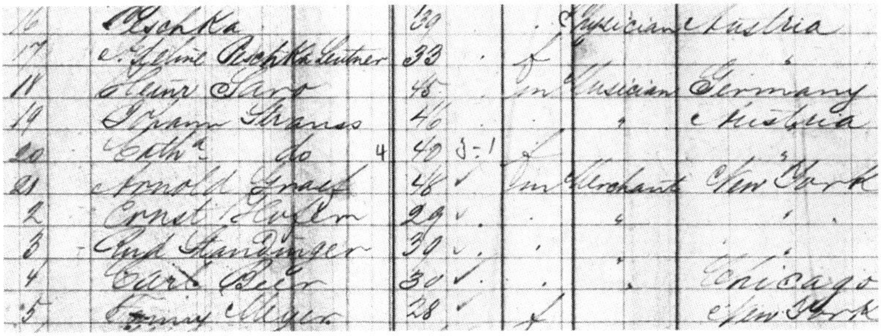

Wer ist Catha Strauss?

Die Reisebegleitung des Walzerkomponisten auf der Hinfahrt ist weiblich und Österreicherin, aber sie trägt laut Passagierliste nicht den Vornamen seiner Frau; außerdem ist sie 14 Jahre jünger. Ein doppelter Eintragungsfehler?

Es gibt eine Katharina Strauss im Stammbaum der Dynastie. Doch die zweite Frau des Bierwirts Franz Borgias Strauss, Johanns Großvater, ist 1872 längst tot. Sie scheidet also definitiv als Frau Strauss auf der »Rhein« aus.

Die als »Manifest« bezeichnete Liste, die von der Schiffscrew ausgefüllt wird und für deren Richtigkeit Kapitän Meyer mit seiner Unterschrift »feierlich, wahrheitsgemäß und aufrichtig« (*solemnly, truly and sincerely*) bürgt, ist über weite Strecken akkurat geführt. Dennoch gibt es natürlich die simple Möglichkeit eines doppelten Eintragungsfehlers. Es gibt aber auch zwei weitere Hypothesen, die eine nähere Betrachtung verdienen.

Liebschaften wurden dem Walzerkönig zwar immer wieder angedichtet. Jetty lässt schon vor dem Besiegeln ihrer Ehe mit Blick auf die russischen Verehrerinnen die – wohl eher symbolisch zu verstehende – Bemerkung fallen, Johann habe sich schon »dreizehn Mal verlobt«. In neuen russischen Filmen über die Konzerte in Pawlowsk wird Olga Smirnitskaja, Johanns einzige offizielle Affäre, als »erste seiner russischen Frauen« bezeichnet.

Doch sein Image als Frauenschwarm ist auch ein Verkaufsfaktor, und Jetty ist eine exzellente Verkäuferin. Die brieflich verewigte, heftige Leidenschaft mit der Offizierstochter und Komponisten Smirnitskaja aus dem Jahr 1859 fördert das Geschäft. Jettys Nachnachfolgerin Adele Strauss kultiviert den Blick der Nachwelt auf diese Liaison. Sie redigiert die Briefe mit Smirnitskaja in einem Ausmaß, dass nur mehr das übrig bleibt, was übrig bleiben soll: ein passionierter, zu Zärtlichkeiten fähiger, innerlich aufgewühlter Strauss, der eine Beziehung im Werther'schen Stil durchleidet. So etwas verkauft sich gut; mit der Realität hat es wenig zu tun. Und als Reisebegleiterin kommt Olga nicht einmal theoretisch in Frage: Sie spielt 1872 keine Rolle mehr in Strauss' Leben.

Unbestätigt ist hingegen eine Verbindung, die von Drehbuchschreibern mit Hang und Zwang zur Plakativität, aber auch von berühmten Biografen behauptet wird: jene mit Katharina Josepha Lanner, genannt »Katti«, der Tochter eines anderen Walzerkönigs, Joseph Lanner. Johann Strauss Vater begann 1823 seine Karriere in dessen Kapelle, ehe er sich selbstständig machte und sich mit dem nunmehrigen Erzrivalen Lanner um Anteile am Wiener Tanzmusikmarkt matchte.

Katti ist laut ihrer offiziellen Geburtsurkunde im September 1829 geboren und somit zur fraglichen Zeit 42 Jahre alt, zwei Jahre älter als die in der Liste eingetragene Reisebegleiterin Johanns. Allerdings: Schon zu Lebzeiten, und noch vor den USA-Gastspielen, wurde die Lanner-Tochter um zwei Jahre jünger »gemacht«. Im 1865 erschienenen Eintrag des »Biographischen Lexikons des Kaiserthums Österreich«, dem Referenzwerk seiner Zeit, wird als ihr Geburtsjahr 1831 genannt. Immer wieder gaben Schauspielerinnen und Sängerinnen aus Karriere- oder sonstigen Gründen an, jünger zu sein, als sie tatsächlich waren.

Als eine sechsteilige ORF-Serie Ende der 1990er den beiden Kindern der Walzerkönige erster Generation ein Verhältnis im zarten Jugendalter andichtet, hagelt es seitens der Nachfahren Protest gegen eine solche Annahme. Doch selbst der schillernde Opernkritiker Marcel Prawy schreibt in seinem Strauss-Buch, ohne die Quellen und den fraglichen Zeitraum zu präzisieren:

Tanz-Ikone
Katti Lanner, die Tochter des »anderen« Walzerkönigs Joseph Lanner, fährt im Jahr 1872 für ein Gastspiel nach New York; später macht sie in London eine der spektakulärsten Choreographinnen-Karrieren ihres Zeitalters.

»Der Klatsch der Wiener Salons brachte Strauss jun. auch in Beziehung zu Lanners Tochter Katti, die als Tänzerin am Kärntnertortheater schöne Erfolge hatte; sie wanderte jedoch nach England aus, ohne Strauss zu heiraten.«

Gesichert ist, dass die Künstlerin, die 1864 den Tanzmeister Alfred Geraldini heiratete, sich vor ihrem endgültigen Umzug nach London im Jahr 1875 auch zu zwei Gastspielen nach New York begeben hat: 1870 und 1872. Während ihr Name – von Geraldini, mit dem sie drei Töchter hat, ist sie zu diesem Zeitpunkt schon getrennt – 1870 unter den Reisenden auf der »Alemannia« auftaucht, sucht man in den Passagierlisten des Jahres 1872 vergebens nach ihm. Sie könnte also unter der Strauss-Namenshülle gereist sein.

Gesichert ist, dass sie am 25. November 1872 bei der Wiedereröffnung des im Mai abgebrannten Theaters Niblo's Garden am Broadway die Tanzaufführung des Stücks »Leo und Lotus« leitet und dafür gefeiert wird. »Die beste Ballettmeisterin, die Kontinentaleuropa bereitstellen kann«, schreiben die Lokalblätter anlässlich der Premiere über die Ballerina, »geschickt, beweglich und schön«.

Die Probearbeiten für das elaborierte Tanzstück im Niblo's Garden müssen im Spätsommer, spätestens im frühen Herbst begonnen haben. Doch ein Brief Lanners aus Paris, wo sie am Theatre Italien arbeitet, ist auf Anfang Juli 1872 datiert. Eine gemeinsame Überfahrt auf der »Rhein« ist daher unwahrscheinlich.

Hypothese Nummer zwei zur Frage, wer »Cath(arin)a Strauss« sein könnte, ist noch heikler, weil sie Licht auf das manchmal verstörende Innenleben der Strauss-Großfamilie wirft. In der erwähnten ORF-Serie gibt es eine weitere Liebschaft des jungen Johann Strauss, die für die »Rhein«-Begleitung zumindest theoretisch in Erwägung gezogen werden kann. Sie ist auch amtlich 1831 geboren und somit exakt im fraglichen Alter. Es ist seine Schwägerin Caroline Strauss, geborene Pruckmayer. Innerfamiliär wurde sie praktisch durchgängig »Caroline« bzw »Lina« genannt, wir nennen sie daher auch hier so.

Über die Tochter eines k. k. Hofpostamtskontrollors gibt es nur ein schmales biografisches Bändchen. Darin heißt es harmlos, dass sie zwar zunächst »für den feschen Johann schwärmte«, sich dann jedoch »bei den zahlreichen gemeinsamen Besuchen der Brüder im Pruckmayer'schen Häuschen in Grinzing allmählich eine leidenschaftliche Liebe zu ›Pepi‹ entwickelte«. Mit 26 Jahren, im Jahr 1857, heiratet sie den mittleren Strauss-Bruder, ein Jahr später kommt Tochter Carolina zu Welt.

In seinem Bericht über die Traunstein-Begehung, die wohl aus den 1850er-Jahren stammt, beschreibt Josef seine Partnerin als ehrgeizige und zielstrebige Person, die trotz Warnungen um jeden Preis auf den Gipfel will, »als wäre dort eine Million« –

Schwierige Beziehungen
Caroline Strauss, genannt Lina, erhält noch Briefe mit obszönen Bemerkungen ihres Schwagers Johann, als sie längst mit dessen Bruder Josef verheiratet ist.

obwohl sie nur in Stiefeletten und »wie zum Promenieren« unterwegs ist. Den Hund, der ebenfalls mit auf den Berg geht, nimmt sie in den einen Arm, ihre Röcke legt sie über den anderen, und selbst wenn es so steil ist, dass man sich an den Fels lehnen muss, lässt sie sich nicht vom Ziel abbringen. Der schüchterne Josef ist schwer beeindruckt und begeistert von seiner Berggefährtin.

Der Unterschied zur Tonalität von Johanns Briefen an die Schwägerin ist im Vergleich dazu berghoch. Aus der später gefilterten und redigierten Korrespondenz sind Stücke erhalten geblieben, die noch heute irritieren und auf eine sehr spezielle Beziehung – welcher Art auch immer – zwischen »Jean« und »Lina« hinweisen. Im späten Frühjahr 1859, fast zwei Jahre nach der Hochzeit des Bruders, schreibt Johann aus Pawlowsk an dessen Frau. Er spielt dabei auf die abendlichen Aufenthalte von Josef im »Hotel National« – auf der gegenüberliegenden Seite der Taborstraße, gleich vis-à-vis des Hirschenhauses – an: »Du bist die einzige Frau, die ich achte, verehre! - Alle verachte ich, denn sie sind nicht - sie können nicht so sein wie du meines Herren geliebte Schwägerin. Du weißt nicht, mit welcher Sehnsucht ich dem Augenblick entgegensehe, einen Kuss von dir zu erhalten (...) Ich will, wenn dich dein Gatte verlässt, um Zerstreuung? im Nationalhotel zu suchen, die Abendstunden nur bei dir zubringen. Du sollst durch meine Zudringlichkeiten künftighin gequält werden, wie ich mir bisher nicht erlaubte.« Dann geht es noch eine Stufe tiefer, er bietet seine Dienste an, um den erhofften männlichen Nachwuchs für die Familie zu zeugen. »Was ist mit dem Söhnlein? Liebe Lina, wenn es sich sollte an Nachhilfe fehlen, verschmähe nicht die Dienste deines dich liebenden Schwagers. Jean.« Und als PS: »Lasse um Gottes Willen die letzte Phrase als Geheimnis bewahren.«

Strauss ist ganz offenkundig berauscht durch die Erfolge in Pawlowsk und die Vergötterung durch die russischen Frauen. Neben dem innerfamiliären Untergriff spielt er parallel jedoch auch virtuos auf der Klaviatur der Zärtlichkeiten. Nur wenige Wochen nach diesem Brief schreibt er an Olga, mit der er soeben seine Affäre beginnt, Sätze wie »Eben jetzt fühle ich noch tiefer meine leidenschaftliche Liebe zu dir (...)«.

Während sich die russische Liebe stürmisch entwickelt, reißt der Kontakt zur Schwägerin zumindest nicht ab. In einem Brief vom 9. September 1859 an Olga erwähnt er, dass er Post von Lina bekommen habe. Leider sind diese Gegenbriefe nicht erhalten geblieben, sie würden Aufschluss über die Natur des schwägerlichen Verhältnisses geben.

Selbst als Johann im August 1862 Jetty heiratet, ändert das am Grundton der Beziehung zu seiner Schwägerin zunächst wenig. In einem mit 16. August 1863 datierten Brief von Jetty an Lina, ebenfalls aus Russland, fügt er nachträglich – und damit nicht einsehbar für seine Frau – ein Postskriptum ein. Es lautet: »Vögelt Dich dein Mann fleißig? Mir hängt etwas heraus, aber nur die Zunge vor lauter Vögeln. Es steht nichts über das Pudern, wenn man's kann. Vögelst du auch so gerne! Mit insbrünstiger Liebe Dein Schwager Hansl.«

Die Strauss-Forschung hat eine Menge halbgarer Begrifflichkeiten gefunden, um zu beschreiben, was in diesen Briefen zum Ausdruck kommt: »Frozzelei«, »Neckerei«, »Spitzbüberei«, »erotische Phantasie«, »Verrücktheit« etc. Es gibt mehr Indizien dafür, dass die Wortwahl des Vorstadtbuben eher mit seinem Wunsch zu tun hat, seinen Bruder Josef düpieren zu wollen, als mit dem realen Geschehen. Dessen ungeachtet sprechen führende Fachleute von einem »gestörten Verhältnis Johanns zu Frauen und zur Sexualität«.

Zum Zeitpunkt der Amerikareise ist die Beziehung zwischen Schwager und Schwägerin jedenfalls bereits deutlich abgekühlt; nach dem Tod von Josef tauchen Spannungen zwischen Lina und der Familie ihres verstorbenen Mannes auf. Sie wird zwar versorgt, aber partizipiert nicht mehr am musikalischen Genie von Josef. 1871 hat sie Eduard im Gegenzug für die Übernahme der

Miete und des »Mittagstisches« auf Lebenszeit den musikalischen Nachlass ihres Mannes übertragen, einschließlich der Exklusiv-Aufführungsrechte der komponierten und arrangierten Werke. Ein Jahr später verpflichtet sie sich, »keinen wie immer gearteten Kapitalsanspruch an die Familie Strauss zu erheben«, das lässt sich Johann persönlich bestätigen. Das Dokument, das im Archiv der Wienbibliothek liegt, ist auf 10. Februar 1872 datiert.

Nur selten blitzt neben den Diskussionen über Geld noch der Alltag durch. Ein Brief Jettys an die Schwägerin vom 6. Mai 1872 nimmt darauf Bezug, dass Caroline zu diesem Zeitpunkt, etwas mehr als drei Wochen vor der Abfahrt nach Amerika, krank ist – und im Übrigen mit den Vorbereitungen zu Carolinas Firmung beschäftigt.

Hätte die Schwägerin ihre 14-jährige Tochter mehr als einen Monat lang allein in Europa zurückgelassen? Wohl kaum. Was aber am stärksten gegen sie als Reisebegleiterin spricht: Es gibt keine Hinweise darauf, dass sie jemals in den USA war. Sich in Boston und New York abseits des offiziellen Trosses zu »verstecken«, wäre eine logistische Meisterleistung gewesen.

Unbestritten ist, dass es sich bei der Frau, die zwischen Mitte Juni und Mitte Juli 1872 in Boston und New York an Johanns Seite auftritt, dann und wann Gegenstand von Zeitungsnotizen ist und durchgehend seine überwiegend weibliche Fan-Gemeinde bändigen muss, um Jetty handelt. Zwar ist es möglich, dass die Ehefrau zu einem anderen Zeitpunkt gereist ist oder eine alternative Reiseroute gewählt hat, etwa jene über Le Havre, da sich die Stornierung der Tickets für die ursprünglich von der französischen Hafenstadt ablegende Hapag-Linie als extrem kompliziert erwies, wie aus dem Schriftverkehr mit der US-Botschaft in Wien hervorgeht. Wahrscheinlich ist es nicht. Was am stärksten für Jetty an Bord des Dampfers »Rhein« und damit doch für einen doppelten Eintragungsfehler in der Passagierliste spricht: Die einzige Frau, die den hypernervösen Künstler im Salon, im Raucherzimmer oder an Deck beruhigen kann, ist seine eigene Frau.

Unruhige Überfahrt
Bis auf vier Tage sind die 15 Tage auf der »Rhein« ruhig.
Nur Strauss ist hoch nervös und muss immer wieder beruhigt werden.
Erst als New York in Reichweite ist, fällt die Anspannung ab.
(Illustration von Gustav Schönleber, um 1880)

Dass es zwischen Southampton und New York einen Todesfall auf der »Rhein« gibt, wissen wir durch ein schwarzes Kreuz neben einem Namen auf der Passagierliste. In dem 151 Jahre nach seinem Erstellen entdeckten Dokument wird der Zweite-Klasse-Reisende Hans Riemschneider, 17 Jahre alt und von Beruf Geschäftsmann, bei der Ankunft in New York als »Verstorben am 10. Juni 1872« eingetragen. Scharlach? Ein Unfall? Gar ein Gewaltverbrechen? Zur Todesursache gibt es in den Verzeichnissen des NDL oder der Einwanderungsbehörden keine näheren Informationen, auch nicht in den wenigen Berichten von Mitreisenden. Den Passagieren mag sich das Drama nicht – oder nicht in jedem Detail – erschlossen haben.

Etwas mehr als drei Wochen später, das Festival in Boston ist bereits im Finale, werden jedoch die Eltern von Hans Riemschneider eine Kondolenzanzeige in den »Hannoverschen Courier« setzen lassen: »Am 10. Juni verschied an Nervenfieber unser lieber guter Sohn Hans auf der Reise nach Chicago an Bord des Lloyd-Dampfers ›Rhein‹. Theilnehmenden Freunden diese Traueranzeige mit der Bitte um stilles Beileid. Die tiefgebeugten Eltern Wilh. Riemschneider und Frau.«

»Nervenfieber«, das ist zu dieser Zeit der geläufige Ausdruck für »Typhus«, auch wenn die medizinisch-diagnostische Präzision des Begriffs zu wünschen übrig lässt.

Wilhelm Riemschneider ist ein bedeutender Hannoveraner Buch- und Zeitungsdrucker, der in diesen Jahren etwa die »Zeitung für Norddeutschland« druckt und wegen seiner Angriffe auf die königlichen Institutionen Preußens bereits mehrmals verwarnt worden ist – Hannover kämpfte 1866 im Deutschen Krieg auf der Seite Österreichs und ist nun in preußisches Staatsgebiet eingegliedert. Wollte dieser liberale, republikanisch gesinnte Bürger seinen Sohn und möglichen Nachfolger nach Chicago schicken, um die US-Version der freien Presse zu studieren? Sollte Hans Riemschneider einen möglichen neuen Standort für das Zeitungsdrucker-Geschäft seiner Familie sondieren?

In dem wenigen, was Strauss von der Überfahrt später verbreiten lässt, ist kein einziges Wort über das Ableben des jungen Deutschen zu finden. Der Hyperängstliche, der um jeden Bazillus stets den weitestmöglichen Bogen macht, geht dem Tod überall und auch auf hoher See aus dem Weg, indem er ihn negiert: Er will ihn nicht wahrhaben, selbst wenn er sich genau vor seinen Augen ereignet.

In seiner Musik hält er es genauso: Kein einziger seiner Titel beschäftigt sich mit dem Sterben, über das Thema, berichten Zeitgenossen, darf in seiner Gegenwart nicht gesprochen werden. Wenn auf Reisen der Blick von seinem Hotelzimmer aus auf ein Spital oder einen Friedhof geht, fordert er die Umquartierung. Begräbnissen bleibt er grundsätzlich fern. Weder dem pompösen Leichenzug seines Vaters 1849 folgt er noch jenen seiner Mutter Anna und seines Bruders Josef, die kurz hintereinander 1870 sterben. Nicht einmal zur Beerdigung von Jetty, ohne deren Animo und Geschick er niemals auf dieses Schiff nach Amerika gestiegen wäre, wird er es sechs Jahre später schaffen.

Sein Bruder Eduard ist das komplette Gegenteil, was das Interesse für Todessachen betrifft. Nach seiner ersten eigenen Amerikareise 1890 schildert er mit Hingabe und Liebe zum Detail das Seebegräbnis eines an Masern erkrankten Kleinkindes, das an Bord gestorben ist: vom Zimmern des Kindersarges bis zur herzzerreißenden Verabschiedung des Buben durch Mutter und Geschwister auf einem Sanitätsboot.

Eduard kramt auch eine Erinnerung aus den 1860ern hervor, als in den Katakomben der Domkirche Sankt Stephan in Wien Särge und ihr Inhalt besichtigt werden konnten, wofür sich Josef und er sehr interessieren. Fasziniert begutachteten sie Skelette und Schädel. Belustigt schreibt Eduard über die Reaktion von Johann, als sie ihm davon erzählen. »Als er hörte, dass wir (...) eine Mumie gar betastet hatten, machte er uns heftige Vorwürfe, stürmte in sein Zimmer und schloß sich ein! Es kostete Mühe, ihn des andern Tages zu bewegen, an unserem Tische zu speisen, aber anrühren durften wir ihn beide um keinen Preis!«

So wird sich der Walzerkönig wohl auch in seiner Kajüte erster Klasse verschanzt halten, als irgendwo zwischen Southampton und New York der junge Hans Riemschneider dem Atlantik übergeben wird.

Wenn Musiker auf Musiker treffen, kann es Allianzen und Feindseligkeiten geben, Wetteifern und Zusammenspiel, Harmonien und Disharmonien – aber wohl niemals Desinteresse am Gegenüber. Insbesondere zwischen Heinrich Saro und Strauss sind schon vor der Amerikareise Berührungspunkte dokumentiert. 1867 feierte Strauss im Pariser Salon des Botschafterpaars Richard und Pauline von Metternich am Rande der Weltausstel-

Der Preuße
Heinrich Saro und Johann Strauss begegnen sich im Laufe ihres Musikerlebens immer wieder – auch auf dem Schiff nach Amerika und beim großen Festival in Boston. Saros Kapelle wird im Laufe der Reise Strauss-Walzer in ihr Repertoire mit aufnehmen.

lung Triumphe. Bei einem anlässlich dieser pompösen Ausstellung ausgetragenen Wettbewerb mit zehn teilnehmenden Militärkapellen gewann Saros Truppe. Die zwei Kapellmeister werden einander auch nach der Amerikareise wieder über den Weg laufen: 1876 dirigieren Strauss und Saro gemeinsam in Berlin ein Konzert.

Unterschiedlicher können zwei Orchesterleiter kaum sein. Saro, 45 Jahre alt und damit ein Jahr jünger als Strauss, ist in jeder Faser Soldat: korrekt bis in die Zehenspitzen, militärisch-zackig, und genau so sind die Defiliermärsche, die er komponiert. In Boston wird er mehrmals für einen General gehalten. Sein dunkelblauer Rock mit ponceaurotem Kragen ist mit Abzeichen übersät: Neben einer goldenen Schnalle für 20 Jahre im aktiven Militärdienst prangt das Eiserne Kreuz an einem weiß-schwarzen Band, verliehen für Tapferkeit im Feld – im Kampf gegen die Franzosen wurde der Deutsche verwundet. US-Zeitungen apostrophieren ihn als »Trompeter von Gravelotte«, in Anspielung an jene verlustreiche Schlacht am 18. August 1870, in der Saro seine Truppe im blutigen Feuergefecht verharren ließ. Schon kurz nach der Schlacht verfasste der deutsche Dichter Ferdinand Freiligrath das Gedicht »Die Trompete von Gravelotte«, eine Heldensage über einen Musiker dieser Schlacht, der sogar noch mit zerschossener Trompete im Feld bleibt.

Einige der insgesamt sieben Abzeichen an Saros Brust spiegeln aber auch die verschlungene deutsch-österreichische Beziehung in jenen Jahren wider: Eines erhielt er für den Sieg Preußens gegen Österreich in Königgrätz 1866, dem er in seinem »Königgrätzer Siegesmarsch« ein Denkmal setzte. Eine andere Medaille bekam er nur drei Jahre davor vom Gegner in ebendieser Schlacht verliehen, dem österreichischen Kaiser Franz Joseph persönlich. Denn das Kaiser Franz Garde-Grenadier-Regiment Nr. 2 ist benannt nach dem Großvater von Franz Joseph und das 50-jährige Bestandsjubiläum der Kapelle 1863 war Anlass für eine Auszeichnung.

An der Art der Backenbärte der beiden Kapellmeister ist minimal erkennbar, dass Preußen und Österreich nach 1866 getrennte Wege gingen und damit die sogenannte »großdeutsche Lösung« – ein deutscher Nationalstaat unter Einschluss von österreichischen Gebieten – gescheitert ist. Der Preuße trägt ihn im Stile seines Kaisers Wilhelm I.; Strauss' Backenbart, von silbrigen Fäden durchzogen – er wird ihn in Kürze wie sein Haupthaar pechschwarz zu färben beginnen –, ist hingegen nach Art seines Kaisers Franz Joseph getrimmt, mit einem etwas kräftigeren Schnurrbart und weniger geradlinigen Koteletten.

Abgesehen von dieser unwesentlichen Gemeinsamkeit gibt es fast nur Unterschiede. Der Wiener Maestro, rund eineinhalb Köpfe kleiner als Saro, taugte trotz aller demonstrativen Kaisertreue nie zum Soldaten, und auch nicht zum Komponisten militärischer Marschmusik. Der Tanzsaal und die Bühne sind ihm stets wichtiger als das Exerzier- oder gar Schlachtfeld. Über sein Verhalten im Revolutionsjahr 1848 kursiert die Anekdote, er habe, als Aufständische herannahten, sein Gewehr in der Karmelitergasse, gleich ums Eck des Hirschenhauses, an die Wand gelehnt und sei getürmt. 1866 stellt er eine seiner Immobilien zur Unterbringung verwundeter Offiziere zur Verfügung und bietet an, die Einnahmen aus einem Musikfest für diesen Zweck zu spenden – ein patriotischer, aber kein militärischer Akt.

Seine Musik lässt sich kaum mit dem Militärischen in Einklang bringen: Der große, gefürchtete Wiener Musikkritiker Eduard Hanslick wird den im Jahr nach Königgrätz komponierten *Donauwalzer* später als »Friedens-Marseillaise« bezeichnen. In den 1890ern wird Strauss Bertha von Suttner, der großen Pazifistin, anbieten, ihr einen Walzer zu widmen. Für die Friedensbewegung als aufkommende Strömung der Zeit, der er auch taktisch huldigen muss, kann er sich erwärmen.

Backenbärte hin, Militärbegeisterung her – Königgrätz ist sechs Jahre nach der Schlacht, als die »Rhein« Richtung Westen fährt, im Eindruck des eben gegründeten deutschen Reichs nach dem Sieg über die Franzosen schon wieder in den Hintergrund getreten. Musikalisch gibt es auf dem Schiff sogar eine echt »großdeutsche Lösung«, wenn auch zufällig: Der Parademarsch der preußischen Kapelle ist ausgerechnet der *Radetzky-Marsch*, komponiert von Johann Strauss Vater.

Irgendwann auf ruhiger, hoher See beginnt die preußische Kapelle Strauss-Walzer zu spielen, heißt es in frühen Biografien. Aber was bedeutet das? Die instrumentale Besetzung ist auf den ersten Blick schwerlich mit einer Strauss-Partitur in Einklang zu bringen. 14 Klarinetten, zwei Flöten, zwei Oboen und zwei Fagotte bilden einen imposanten Block an Holzinstrumenten, dazu kommen vier Trompeten, vier Flügelhörner, drei Kornette, zwei Baritone, drei Bässe, zwei Althörner und vier Posaunen, und dazu vier Schlagwerker. Walzer ohne Wiener Streicher? Wer hat dirigiert – Saro oder Strauss? Braucht es zwischen den Dreivierteltakten einen Militärmarsch als Muntermacher, etwa den *Pariser Einzugs-Marsch 1871* von Saro, der an das Defilee der siegreichen deutschen Truppen auf der Avenue des Champs-Élysées erinnern soll? Oder doch den *Radetzky-Marsch*?

Es ist gut möglich, dass auf dem Atlantik irgendwann zwischen dem 1. und 15. Juni 1872 das mittlerweile zur Institution gewordene Finale späterer Neujahrskonzerte der Wiener Philharmoniker zum ersten Mal in dieser Abfolge erklingt, *An der schönen blauen Donau* gefolgt vom *Radetzky-Marsch*. Der Sohn programmatisch verbunden mit dem Vater, dem er in vielem so ähnlich ist, vom Dirigierstil über die nervliche Disposition bis hin zu Passionen wie dem Kartenspiel.

Die Wellen zeigen Wirkung. Gesichert ist, dass die Preußenkapelle bei ihren späteren Auftritten in Boston nicht nur Märsche und ihre bisherigen Standardwerke im Programm hat, sondern auch zwei neuere Strauss-Walzer spielt: *Geschichten aus dem Wienerwald* op. 325 und *Neu-Wien* op. 342, uraufgeführt 1868 bzw. 1870 in Wien unter der Leitung des Komponisten selbst. Dass es inzwischen Strauss-Arrangements für Militärmusik gibt, ist nichts Ungewöhnliches – die aufstrebenden Kapellen, Aushängeschilder ihrer Heere, laufen in jenen Jahren den Ballorchestern zusehends den Rang ab, und die Musikverleger machen die Geschäfte zusehends mit reinen Bläserarrangements. Nicht auszuschließen ist, dass Strauss selbst, ein rastloser Vielarbeiter und Nachtmensch, in seiner Kabine das eine oder andere arrangiert, um den unvermuteten Spielanlässen auf hoher See gerecht zu werden.

Es bleibt nicht beim Zuhören. An Tänzerinnen soll es auf der »Rhein« nicht gemangelt haben, an Tänzern hingegen sehr wohl. Johann Strauss Sohn, der Mann, der mit seiner Musik die Massen in rauschhafte Bewegung brachte, war Nichttänzer. Daher soll er seinem Diener Stephan die Anweisung gegeben haben, mit den Ladys an Bord zu tanzen.

Dieser Stephan Detoni, laut Passagierliste 26 Jahre alt, hinterließ weder davor noch danach Spuren in der Geschichte; nur in den USA wird er eine Kurzfristberühmtheit. Er tritt in Livree und mit goldenem Spitzenhut auf, auf dem sich ein kreisförmiges Abzeichen befindet, und trägt Knickerbocker mit einem braun-goldenen Gürtel. Wegen dieser auffälligen Uniform hält man ihn kurz für einen türkischen Marineoffizier, den man als

Wahljahr in den USA
Ida Greeley (2.v.re.) wird wegen ihrer kränklichen Mutter Mary (re.) bereits als »künftige Lady im Weißen Haus« gesehen, als sie von England zurück in die USA reist. Ihr Vater, der Verleger Horace Greeley (li.), gilt als chancenreichster Kandidat für die Wahlen im November 1872.

regulären Gast für das *World's Peace Jubilee* offiziell registrieren will. Eilfertig trägt er seinem Herrn stets den Geigenkoffer hinterher, und wenn Strauss dirigiert, befindet sich Detoni in unmittelbarer Reichweite, selbst bei größter Hitze den dunkelblauen Mantel des Maestro überm Arm, sollte dieser ihn irgendwann brauchen.

Mit wem hat er wohl getanzt? 29 Frauen über 16 Jahre gibt es in den oberen beiden Klassen, davon zwölf in der ersten Kabinenklasse. Ob Detoni frei entscheiden kann oder stets auf einen Fingerzeig des Walzerkönigs wartet? Haben die Damen überhaupt eine Wahl? Übt Ida Greeley, 21 Jahre alt, schon für ihre künftige Rolle? Die US-Zeitungen werden sich im Laufedes

Sommers 1872 regelrecht auf sie stürzen, sie wird als »künftige Lady im Weißen Haus« der Öffentlichkeit präsentiert und sitzt Banketten mit der mutmaßlich nächsten Administration der USA vor. Neben einer Zeichnung aus diesem Jahr, in der sie vornehm aus ihrer steifen Umgebung herausleuchtet, verdanken wir dieser medialen Aufmerksamkeit auch einige Beschreibungen, die Aufschluss über ihr Erscheinungsbild geben: »mittlerer Wuchs«, »dunkle Augen«, »braune dunkle Haare«, »hübsch«, eine rundherum reizende Gastgeberin.

Vielleicht hat Ida Greeley an Bord der »Rhein« ihre letzten unbeschwerten Momente für eine lange Zeit erlebt. Denn nach einem Sommer im Zeichen des Präsidentschaftswahlkampfs wird der Spätherbst 1872 für sie ausschließlich Katastrophen bereithalten.

Stoff für anregende Unterhaltungen über die großen gesellschaftlichen Themen der Zeit gibt es genug. Während Idas Mutter eine frühe Suffragette und Spiritistin ist, wird von der Tochter behauptet, dass sie ebenso wie ihr Vater entschieden gegen das Frauenwahlrecht ist. Diskussionen über politische Themen an Bord direkt mit Strauss sind jedoch unwahrscheinlich, denn der Musiker aus Wien spricht kein Wort Englisch, anders als seine Frau Jetty. An Politik- und Gesellschaftsthemen ist er nicht interessiert, auch wenn der Text zum Walzer *Neu-Wien* sich mit der Frauenemanzipation beschäftigt. Besser die Leute tanzen als Grundsatzdiskussionen führen lassen, musikalisches Opium für die Massen liefern statt Stoff für Regimekritik – das war schon der Wunsch von Fürst Klemens Metternich, dem genialen und gefürchteten Staatskanzler in Wien bis zur Revolution 1848, an die Musik der Sträusse.

Der Walzer hat aber nicht nur Biedermeierpotenzial, sondern etwas Grenzüberschreitendes, das eine mögliche Gefahr in sich birgt: Er führt die Tanzenden enger zusammen, als es die bis dahin üblichen Tänze taten. Von der Drehbewegung ist es nicht weit zum Rausch, von der Walzerseligkeit nicht weit zur vollständigen

Regelvergessenheit. Die »Anstandsdamen«, die bei Bällen jener Zeit über die moralische Korrektheit ihrer Schützlinge wachten, gibt es auf dem Schiff nicht. Wer dem wackeren Stephan Detoni als Tänzerin zugeteilt wird, tanzt mit einem Wildfremden aus einem anderen Land und einer anderen sozialen Schicht.

Bei regulären Transatlantikfahrten ist die Musik eher Untermalung, auf der »Rhein« wird sie wieder zur Tanzmusik. Alters- ebenso wie soziale Grenzen sind diesen Klängen fremd. Gut möglich, dass die preußisch gefilterten Strauss-Melodien auch anderswo auf dem Schiff gehört werden und zu dem einen oder anderen Tänzchen der Zwischendeck-Passagiere führen. Wie eine spätere Beschreibung eines Strauss-Auftritts in Boston zeigt, sind insbesondere Kinder von seinen Klängen magisch angezogen und wiegen sich gerne träumerisch hin und her, wenn die Walzer erklingen.

Die Szene des auf Geheiß von Strauss tanzenden Dienstboten muss Publikum angelockt haben. Mit Sicherheit interessiert das Geschehen beobachtet hat Minna Peschka-Leutner. Die Sopranistin ist 32 Jahre alt und in Deutschland bereits gefeiert. Mit ihrem Mann Johann Peschka, einem Arzt und späteren Sänger, kam sie aus Leipzig nach Bremerhaven. Ihre Interpretation von Mozarts »Königin der Nacht« gilt in diesen Jahren als herausragend. Zwei Monate vor Boston konzertierte sie in London mit dem London Philharmonic Orchestra. Ihr erster USA-Trip soll ihre Karriere entschieden vorantreiben. Da Peschka-Leutners Vater Geiger im k. k. Wiener Hoftheater war, in dem Jetty Strauss ihre erste Karriere absolvierte, ist zumindest davon auszugehen, dass man einander kennt, wechselseitig inspiziert und sich auf Smalltalk-Niveau unterhält.

Während die Welt der Oper, inklusive eines eigenen missglückten Versuchs als Komponist in den 1890ern, Strauss jedoch immer fremd bleiben wird, ist die Operette jenes Genre, dem er sich ab Ende der 1860er zuwendet. Daher ist ein Passagier für ihn von besonderem Interesse, der nicht Boston als Ziel hat, son-

Operettenhaft
Adolph Neuendorff ist bereits mit zwölf Jahren in die USA emigriert. Für ein gemeinsames Gespräch mit Strauss an Bord hat der angehende Operettenkomponist viel Stoff – einen Tag nach der Ankunft wird er in New York einen Walzer von Josef Strauss dirigieren.

dern New York. Er reist zweite Klasse, sein Name ist Adolph Neuendorff – und er ist ein angehender Operettenkomponist.

Der in Hamburg geborene Neuendorff, 18 Jahre jünger als Strauss, emigrierte 1855 als Zwölfjähriger mit seinem Vater nach Amerika. Er managt zum Zeitpunkt der Überfahrt bereits das Germania Theatre in New York und dirigiert abendliche Konzerte im Terrace Garden Theatre an der Lower East Side, meist vor deutschem Publikum; regelmäßig pendelt er zwischen den USA und Europa, um Aufführungen der großen europäischen Häuser zu besuchen und Sängerinnen und Sänger zu rekrutieren. Neuendorff wird den berühmten Tenor Theodor Wachtel für ein Gastspiel in die Neue Welt lotsen, dazu die Stars Charles Santley und Euphrosyne Parepa-Rosa. Diesmal kehrt er von einer Reise zurück, die am 5. Mai in New York begann und bei der er von einer Bläsergruppe aus seinem Orchester musikalisch verabschiedet wurde, als sein Schiff den Hafen verließ.

Gesprächsstoff für angehende Operettenkomponisten gibt es auf der »Rhein« zur Genüge: Johann Strauss hat mit *Indigo und die 40 Räuber* 1871 einen ersten Versuch in diesem Fach gewagt, vielleicht reift in seinem Kopf schon die eine oder andere Idee für seine nächsten beiden Streiche, *Carneval in Rom* – und vor allem *Die Fledermaus*, die ihn auch in diesem Genre weltberühmt machen wird. Neuendorff sammelt, nimmt auf, skizziert. 1880 wird er mit »Der Rattenfänger von Hameln« selbst eine erfolgreiche Operette komponieren.

Ganz ohne Strauss-Effekt dürfte die gemeinsame Schifffahrt auch bei ihm nicht geblieben sein: Gleich am Tag nach der Ankunft der »Rhein« in den USA wird Neuendorff mit seinen Terrace-Garden-Konzerten beginnen, die im Sommer wahre Publikumsmagnete sind. Die Auftritte werden ab 10. Juni täglich in den Zeitungen beworben, doch Programmdetails gibt es erst am Tag des ersten Konzerts am 16. Juni, am Vorabend des Bostoner Festivals, unmittelbar nach der Ankunft der Europäer: An zweiter Stelle steht Josef Strauss' Walzer *Sphärenklänge* op. 235 auf dem Programm. Das kann ein Indiz dafür sein, dass sich Neuendorff auf der Überfahrt für die Strauss-Musik erwärmt hat. Es kann aber auch darauf hindeuten, dass er von Johann-Strauss-Sohn-Musik nach 15 Tagen an Bord einigermaßen gesättigt war und stattdessen den talentierteren Bruder vorzieht, mit dem ihn obendrein die frühe Begeisterung für Richard Wagner verbindet.

Ob es der nahe Ankunftshafen ist oder die Reisegesellschaft, die sich inspirierender herausstellt als erwartet – aus dem Mann, der beim bloßen Gedanken an eine Fahrt nach Amerika Todesängste durchlitten hat, ist kurz vor Erreichen des Ziels ein Mann geworden, der dem Abenteuer hoffnungsfroh entgegenblickt. Ziegfeld hat ganze Arbeit geleistet. Die Anspannung ist unendlicher Erleichterung gewichen, als New York in Sicht ist. »Noch bevor wir anlegten, wollte Strauss mich adoptieren«, erinnert sich Ziegfeld später.

Am Samstag, den 15. Juni, erreicht das Schiff am Morgen New York und läuft dann in Hoboken im Bundesstaat New Jersey ein. Dort verfügt der Norddeutsche Lloyd über imposante Hafenanlagen. Die Emigranten, rund drei Viertel der Passagiere, werden danach mit einer Fähre nach Castle Garden gebracht, dem Vorläufer von Ellis Island als Einwandererzentrum der Vereinigten Staaten. Es wird geschätzt, dass von 1855 bis 1890 zwischen acht und zwölf Millionen Emigranten durch Castle Garden geschleust wurden.

Wie der Quarantäne-Check nach einem dokumentierten Fall von »Nervenfieber« an Bord aussieht und was der *Immigration Officer* an sonstigen Beobachtungen macht, wissen wir nicht – der Großteil der Castle-Garden-Aufzeichnungen wurde bei einem Großbrand auf Ellis Island 1897 vernichtet.

Die mehr als 50 Bühnenmenschen, die nach Boston weiterreisen, muss das ohnehin nicht weiter interessieren. Für sie gibt es einen Empfang der besonderen Art in Hoboken. Er findet in »Bush's Hotel« an der Ecke Third Street und Hudson statt. Geführt wird es von Hermann Busch, einem emigrierten Norddeutschen, Spitzname »Captain«. Er ist Präsident des Jersey Schützen Corps und der New York Schützen, ab 1874 auch des Plattdeutschen-Volksfest-Clubs.

Empfangen werden im »Bush's« nicht irgendwelche Musiker, die Erinnerungen an die Heimat mitbringen, sondern die tapferen Sieger über die Franzosen. »Musik, Gesang, Kanonenfeuer, Fahnen, Hurras, Handshakes, Umarmungen«, notiert einer der Musiker im Überschwang. Die Deutschen, die hier einreiten, werden von den Deutschen, die hierher ausgewandert sind, regelrecht abgeküsst.

Es ist »Little Germany«: Die preußische Kapelle trägt nun sogar ihre Pickelhauben, sie wird von deutschen Vereinen in den USA, die mit Helmen aufmarschieren, sowie 15 Chören empfangen. Gastgeber sind die Stadt Hoboken und Vereine deutscher Landsmannschaften. Gespielt wird wieder und wieder »Die Wacht am Rhein«, jenes Lied, das im jungen Deutschen Kaiserreich schon eine Art inoffizielle Nationalhymne geworden ist. Bier von deutschstämmigen Brauern wird in rauen Mengen kredenzt, auch Wein und Champagner fließen.

Johann Strauss Sohn, den berühmten Wiener Walzerkomponisten, sieht die euphorisierte Menge als einen der Ihren, Hauptsache, er ist kein Franzose. Und der Mann mit dem untrüglichen Riecher fürs Populäre macht sich erst gar keine Mühe, als Österreicher aufzutreten: Er hält sogar eine Rede an die vielen Deutschlandfans im »Bush's«, wie »The New York Dispatch« notiert. Ihr Wortlaut ist nicht überliefert. Strauss – ein ungelenker Redner mit Hemmungen, vor größeren Menschenansammlungen zu sprechen – wird es bei Floskeln über die Großartigkeit des Augenblicks belassen haben. Deutschtümelei war seine Sache nicht, auch wenn es die Ironie der Geschichte will, dass er 1899 als Bürger des Herzogtums Sachsen-Coburg und Gotha stirbt.

Ob der *Donauwalzer* vor diesem preußischen Publikum gespielt wird, ist nirgendwo protokolliert. Mit Fortdauer dieses ersten kollektiven Besäufnisses auf amerikanischem Boden ist ans Selbstmusizieren ohnehin nicht zu denken: »Die Mundstücke fanden den Weg in die Münder nicht mehr«, heißt es in dem Bericht des Oboisten der Kaiser-Franz-Kapelle lakonisch. Um vier Uhr nachmittags werden die nach Southampton nun bereits zum zweiten Mal umjubelten Deutschen zu einem monumentalen Dampfschiff eskortiert. Was Strauss dort an Informationen über das Festival aufschnappt, wird ihm neue Ängste bescheren. In der allgemeinen Aufregung, Fröhlichkeit und Vorfreude nimmt davon aber vorerst niemand Notiz. Das Schiff bringt die Teilnehmer an ihren Bestimmungsort und zu einem Spektakel, wie sie es nie mehr wieder erleben werden: zum größten Konzertevent der Welt in Boston, Massachusetts.

3. KAPITEL

»IM ÄUSSEREN DEUTSCH, IM WESEN AMERIKANISCH«

Das Bostoner Publikum ist auf den Walzerkönig vorbereitet. Die Stadt betrachtet sich als musikalische Hauptstadt der USA, die Zeitungen bringen seit Jahren dichte und hochwertige Berichterstattung über Entwicklungen auf dem »Alten Kontinent«. Am 4. März 1872, 15 Wochen vor dem Beginn des *Jubilee*, erscheint die erste Ausgabe des »Boston Globe«. Der Co-Gründer dieser Zeitung, der Warenhaus-Tycoon Eben D. Jordan, wird auch zu einem der wichtigsten Unterstützer von Gilmores musikalischen Unternehmungen, er trommelt Geschäftsleute, Banker, Hoteliers und Eisenbahn-Repräsentanten zusammen, um das Großvorhaben möglich zu machen.

Auch die literarische Szene erblüht. Wenn man in Boston zufällig einen Revolver abfeuere, meint ein Schriftsteller dieser Zeit, sei das unmöglich, ohne gleichzeitig »mindestens einen

Autor eines zweibändigen Werks umzulegen«. Wissenschaft und Technologie bekommen einen festen Platz in der Stadt: 1865 wird das berühmte Massachusetts Institute of Technology (MIT) gegründet, das seitdem an die 100 Nobelpreisträgerinnen und -träger hervorgebracht hat. Alexander Graham Bell wird 1876 in Boston das Telefon patentieren.

Hunderte musikalische Gesellschaften sind im Neuengland der 1870er aktiv, sie fungieren als Zubringer von Publikum sowie Sängerinnen und Sängern für das spektakuläre Festival. In Boston gibt es eine Händel- und Haydn-Gesellschaft, in Springfield eine Mendelssohn-Union, in Hartford eine Beethoven-Gesellschaft.

Eine neue, bunt gemischte kulturbegeisterte Schicht ist im Zuge des Wirtschaftsaufschwungs entstanden. Die Hafenstadt hat sich im 19. Jahrhundert in eine boomende Industriemetropole verwandelt, die Bevölkerung verachtfacht sich zwischen 1820 und 1880. Schuh- und Textilfabriken schießen aus dem Boden, die Eisenbahn verbindet die Hauptstadt mit den umliegenden Regionen. Die Zeit des Festivals ist die Zeit des Booms: 1850 noch sei Boston wie viele andere Städte gewesen, schreibt der Historiker Sam B. Warner Jr., »1900 war sie etwas völlig anderes geworden, eine industrielle und suburbane Metropole«.

Für Immigranten ist ein solches Powerhouse ein Versprechen – laut Volkszählung von 1880 gibt es 114.000 Einwanderer in der Stadt, zu diesem Zeitpunkt ist das ein Drittel der Bevölkerung. Die größte Gruppe sind ab 1850 die Iren, eine Folge der großen Einwanderungswelle nach der *Great Famine*, der großen Hungersnot, in Irland. Patrick S. Gilmore, der 1849 in die USA emigrierte umtriebige Festivalorganisator, ist im westirischen County Galway aufgewachsen.

Von Johann Strauss Sohn wissen die kulturhungrigen Bewohner der Stadt spätestens seit 1867, als der Korrespondent des »Boston Evening Transcript« in seiner Beschreibung des »Wiener Ausnahmekünstlers« anlässlich der Pariser Weltausstellung überschwänglich schwärmt. »Wie Johann Strauss aussieht! Im Äußeren vollkommen deutsch, im Wesen vollkommen amerikanisch. Er ist lebendig wie seine Walzer, seine Umgangsformen sind so vollendet wie seine Bildung. (...) Er ist eines der Wunder der Ausstellung. Vor kurzem erst ist er angekommen, und schon ist er weltweit berühmt (...). Wenn er die Führung des Orchesters übernimmt und, den Kopf zurückgeworfen, einige nervöse Takte vorgibt, dann die Geige ans Kinn setzt und in das rhythmische Trällern seines Walzers einstimmt, ist es elektrisierend. Er scheint seine ganze Seele in diesem Augenblick der Musik geopfert zu haben.«

Die Marke »Johann Strauss« ist musikinteressierten Amerikanerinnen und Amerikanern also längst ein Begriff, als die »Rhein« in Hoboken anlegt. Welchen Anteil der Vater, welchen der Sohn an der Strahlkraft des Namens Strauss in den Vereinigten Staaten zu diesem Zeitpunkt hat, ist dabei unklar. Schon in den 1830ern gibt es Ensembles, die mit Strauss-Musik im Gepäck durch die USA unterwegs sind und damit gutes Geld machen. Der Name, untrennbar verbunden mit dem Walzer als Tanz, wirkt weit über die Musik hinaus in die Populärliteratur hinein. Im Sommer 1870 erschien in mehreren amerikanischen Blättern die Kurzgeschichte »Johann Strauss und sein Todeswalzer« des Wiener Autors Moritz Bermann. Die Hauptfigur ist ein Johann Strauss, der im Wien des Jahres 1830 einer Gräfin namens Sophie stürmisch seine Liebe gesteht. Doch die Angebetete ist bereits einem Grafen versprochen, der sich zum exquisiten Aufputz der Hochzeit ausgerechnet den berühmtesten aller Wiener Musiker wünscht: Strauss. Dieser führt bei der Feier einen eigens für diesen Anlass komponierten Walzer auf, und kaum sind die ersten Takte gespielt, sinkt die Gräfin tot zu Boden. Der »Todeswalzer« hat wie ein Gift gewirkt.

Ob vom Publikum zwischen Vater und Sohn immer genau unterschieden wird, ist für die Organisatoren des Weltfriedensfestes zweitrangig. Entscheidend ist die Zugkraft. »Jeder Haushalt kennt seinen Namen«, rapportieren Zeitungen in den Wochen vor dem Bostoner Event, um den Ticketverkauf anzukurbeln. Strauss sei »weltberühmt«, ein »hervorragender Komponist und Dirigent«, heißt es immer und immer wieder.

Jedes Detail der Familiengeschichte wird eifrig verbreitet, oft auch ohne die Fakten oder die Plausibilität davor geprüft zu haben. Nach dem Tod von Pepi Strauss im Sommer 1870 wird aufgeregt die auch in Wien kursierende falsche Geschichte erzählt, der Mittlere der drei Strauss-Brüder sei von betrunkenen russischen Offizieren in Warschau niedergeschlagen worden und seinen Verletzungen erlegen. In der englischen Übersetzung wird aber aus *Russian* plötzlich *Prussian*, weshalb in der amerikanischen Version des Gerüchts plötzlich die Preußen die Übeltäter sind.

Egal ob Fakt oder Fiktion – Strauss wirkt, er ist unbestritten ein Aushängeschild des Festivals. Den musikalischen Gesellschaften von Boston und New York muss man ihn nicht erklären. Ziegfeld, der Musikdirektor aus Chicago, habe von Mr. Gilmore eine »*carte blanche* bekommen, prominente musikalische Celebritys Europas für das Jubilee zu gewinnen«, schreibt die »Chicago Tribune« Anfang April stolz über den Bürger ihrer Stadt, und sie nennt Strauss an erster Stelle.

In der amerikanischen Gesellschaft brodelt es nach Ende des Bürgerkriegs 1865, und das ist nicht nur die Folge eines rasanten Zustroms an Immigranten. Die Industrialisierung führt zu ersten Zerreißproben zwischen den Kapitalbesitzern und den Arbeitskräften. Während die europäischen Stars nach Boston reisen, streiken die Arbeiter der Gaswerke Philadelphia und fordern eine Verkürzung der Arbeitszeit: Sie schuften zwölf Stunden pro Tag, mit drei Pausen von je 25 Minuten.

Debatten über gesellschaftliche Neuerungen sind an der Tagesordnung. Selbst in den omnipräsenten Kirchen-Communitys wird über die große Frage der Emanzipation diskutiert, im März 1872 referiert etwa ein Pastor in der Broadway Methodist Church in Süd-Boston zum Frauen-Wahlrecht. Die »Rhein«-Passagierin

Melodie der Freiheit
Die Fisk Jubilee Singers sind beim Bostoner Weltfriedensfest Sensation und Attraktion zugleich. Die Berichterstatter der Zeitungen haben jedoch Mühe, den richtigen Ton für die neuen Zeiten zu finden.

und First Lady in spe Mary Greeley ist nur eine von zigtausenden Frauen, die einer Bewegung Gesicht und Stimme geben.

Überall zeigen sich nach der Abschaffung der Sklaverei Ende 1865 jetzt ehemalige Leibeigene in Bereichen, die bisher den Weißen vorbehalten waren: in der Wirtschaft, in der Politik, in der Bildung. 1870 werden die ersten schwarzen Menschen in die berühmte Militärakademie West Point aufgenommen, im selben Jahr wird mit Hiram Revels, einem Republikaner aus dem Bundesstaat Mississippi, der erste Afroamerikaner in den US-Senat gewählt.

Bereits 1866 wurde in Nashville, Tennessee, die Fisk Free Colored School ins Leben gerufen, eine der ersten Universitäten für Afroamerikaner. Um die prekären Finanzen des privaten Bildungsinstituts zu stabilisieren, gründen sich dort 1871 die Fisk Jubilee Singers, ein Vokalensemble von vier Männern und fünf Frauen. Auch sie werden im Rahmen von Gilmores Friedensfest auftreten, Massachusetts gehört zu den frühen Sklaverei-kritischen Bundesstaaten.

Gemeinsam mit den zwei Schwestern Anna Madah und Emma Louise Hyers aus Kalifornien, die als frühe Stars of Color gelten dürfen, haben die Fisk Jubilee Singers einen viel bestaunten, bewunderten und beklatschten Auftritt am sechsten Tag des Bostoner Festivals. Sie stehen mit 150 schwarzen Sängerinnen und Sängern gemeinsam auf der Bühne, bevor Strauss & Co. übernehmen, die Repräsentanten der alten, weißen, europäischen Welt.

Das Amerika, in das Strauss fährt, ist im Aufbruch; das Wien, aus dem er kommt, im Ab- und Umbruch. Die Bevölkerung der Residenz- und Reichshauptstadt verdoppelt sich binnen zwei Jahrzehnten, von 400.000 Menschen 1845 auf 800.000 Mitte der 1860er-Jahre. Der Eisenbahnbau und die damit verbundenen Beschäftigungsmöglichkeiten ziehen Einwanderer aus Böhmen, Mähren, Niederösterreich und den alpinen Gebieten des Reichs an; bald leben 90 Prozent der Wienerinnen und Wiener in den Vorstädten und Vororten. 1857 beginnt das Schleifen der alten Befestigungsanlagen, zwei Jahre später genehmigt Kaiser Franz Joseph I. den Plan zum Bau der Ringstraße. 1859 wird auch das Rotenturm-Tor abgerissen, durch das die Mitglieder der Strauss-Familie gewöhnlich fuhren, wenn sie etwa zum Hof gerufen wurden. Die früheren Vorstädte, in denen die Karrieren der Strauss-Kapellen begannen, werden eingemeindet und sollen verkehrsmäßig besser angebunden werden. Am neuen Ring entstehen in den 1860ern Prachtbauten wie das Burgtheater, das Parlament und die Staatsoper. Für den Nachhall der Strauss-Musik über Jahrhunderte hinweg zentral wird das neue Haus der Gesellschaft für Musikfreunde – der Wiener Musikverein – gegenüber der Karlskirche, eröffnet Anfang 1870. Die Bauindustrie blüht, private Finanziers treiben die Entwicklung an, die Wiener Börse boomt. In den Salons der Metropole ist Johann Strauss bereits eine Fixgröße. Zweimal ist er mit seinem Antrag, k k. Hofball-Musikdirektor zu werden, beim kaiserlichen Hof abgeblitzt.

1863 aber ist es endlich so weit, nun darf er, so wie einst sein Vater, den Ehrentitel tragen.

Gleich gegenüber der Oper, in der Kärntner Straße 51, wird ab 1861 für den Geschäftsmann Eduard von Todesco das Palais Todesco errichtet, innen vom berühmten Ringstraßenarchitekten Theophil von Hansen geplant, der auch das Parlament und den Musikverein entwirft. Gemeinsam mit seinem Bruder Moritz ist Todesco sowohl in der Textilindustrie, im Großhandel als auch im Privatbankgeschäft eine aufstrebende Größe. Eduards Frau Sophie entwickelt sich zu einer der berühmtesten Salonières ihrer Zeit. In ihrem Salon verkehren Schriftsteller wie Eduard von Bauernfeld und Ludwig Ganghofer, Politiker wie Alexander Freiherr von Bach und Anton Ritter von Schmerling, aber auch Industrielle wie Isidor Mautner. Vorträge, Konzerte, Feste – bei Todescos entsteht eine Zusammenkunft progressiver Kräfte. Strauss ist zunächst als Berühmtheit und Zuhörer da, wird aber immer wieder zum Spontankonzert gebeten, einmal etwa mit dem belgischen Violinvirtuosen und Komponisten Henri Vieuxtemps.

Die neureichen Todescos werden nicht etwa wegen ihrer Intellektualität gefeiert – es gibt vielmehr bitterböse Witze über sie, die sogenannten »Todescoiaden«. Aufsehen erregen sie wegen ihres Geschicks an der Börse. Alles, was sie anfassen, scheint zu Gold zu werden. Aktien sind aber nicht nur Themen in den Salons, sondern gewinnen auch außerhalb der Ringstraße an Aufmerksamkeit. Selbst die Strauss-Mutter Anna schreibt in einem Brief an Josef im Herbst 1869, die Söhne mögen sie und ihre Töchter doch finanziell nicht hängen lassen: »Hilfe, wenn alles auf der Börse besser ist, daß ich bald hinauskomme, dann werde ich Ruhe haben.« Kurz davor führt ihr Ältester erstmals die Polka *Von der Börse* op. 337 auf.

Mühelos ließen sich aus dem Strauss-Werkverzeichnis die Überschriften für eine Chronik der zweiten Hälfte des 19. Jahrhunderts generieren. Auf die Erneuerung der Bausubstanz ebenso wie der Sitten spielt der Titel *Neu-Wien* an, jener Walzer, der auch in Boston und New York zur Aufführung kommt. Schon mit der 1862 uraufgeführten *Demolirer-Polka* op. 269 erinnerte Strauss an den Abriss der alten Stadtmauern, der insbesondere von den progressiven Kräften der Stadt begrüßt, von den Konservativen jedoch abgelehnt wurde.

Auch jenes Stück, das ihm Weltruhm bescheren wird, ist mit dem gigantischen Umbau der Reichs- und Residenzhauptstadt verbunden: *An der schönen blauen Donau.*

Komponiert hat er den Walzer – vielmehr eine Aneinanderreihung von fünf Walzern – Ende 1866 in der Wiener Praterstraße, seinem letzten Wohnsitz vor der Übersiedlung in die Villa in Hietzing. Nach einem Donauhochwasser 1862 tritt im Jänner 1867 erstmals die Donauregulierungskommission zusammen, um den Fluss in ein neues Bett zu zwingen. Ein Zusammenhang des städtebaulichen Geschehens mit der Inspiration des Meisters kann ebenso vermutet werden wie die namensgebende Rolle von Werken des Dichters Karl Isidor Beck. »An der Donau« heißt eines von Becks Gedichten, und in einem anderen, »Die feindlichen Brüder«, finden sich die Zeilen: »An der schönen blauen Donau liegt mein Dörfchen still und fein.«

Dem Wiener Männergesang-Verein hat Strauss seit Jahren einen Walzer versprochen, den er für die Faschings-Liedertafel im Februar 1867 endgültig fertigstellte. Als Chorwerk mit vier Stimmen konzipiert, wird das Stück zunächst mit dem bitter-ironischen Text »Wiener seid froh / Oho, wieso?« gesungen. Ganz abgesehen von der Tatsache, dass man eine Donau mit der Farbe Blau in Wien zu dieser Zeit nicht kennt: Die Aufforderung, unter den gegebenen Zeitumständen »froh« zu sein, ist selbst für geborene Optimisten eine Provokation. Im Winter nach der Niederlage von Königgrätz am 3. Juli 1866 ist die Stimmung in der Hauptstadt gedrückt, viele Faschingsveranstaltungen werden abgesagt – auch der Hofball – oder fallen jedenfalls recht klein aus. Die Verhandlungen über den Ausgleich mit Ungarn machen endgültig klar, dass die in Wien konzentrierte Macht des Reichs auch im Inneren zu bröckeln beginnt. Nach der Cholera wütet nun die Tuberkulose in der Stadt, fast die Hälfte der Betten in Wiens Spitälern ist mit Erkrankten an der »weißen Pest« gefüllt.

Weder der Komponist noch seine Musiker sind bei der Uraufführung des Werks am 15. Februar 1867 im Dianabad im zweiten Wiener Bezirk anwesend, das im Winter aus Wirtschaftlichkeitsgründen zum Konzert- und Ballsaal umfunktioniert wird. Es musiziert die Kapelle des Infanterie-Regiments Nr. 42 König von Hannover. Ungeachtet der trüben Lage wird dieser eigenartig melancholische und zugleich gut gelaunte Walzer schon beim ersten Mal gut aufgenommen. *An der schönen blauen Donau* dürfte »bald zu den populärsten des fruchtbaren Tanzcomponisten gehören«, prophezeit die »Neue Freie Presse« in ihrem Nachbericht, »und bildete eigentlich den einzigen ungetrübten Lichtblick der Faschings-Liedertafel«.

Am 17. Februar formuliert der Berichterstatter des »Neuen Fremdenblatts«: »Die Eröffnungsnummer der zweiten Abteilung war ein entschiedener *Schlager*.« Der Walzer, in reiner Orchesterfassung erstmals am 10. März 1867 im k. k. Volksgarten aufgeführt, geht somit nicht nur in die Musik-, sondern auch in die Begriffsgeschichte ein.

Und dieser Hit – so die Übersetzung des Begriffs ins Angloamerikanische – wird auch rasch zum Exportschlager. Es trifft sich, dass Strauss im folgenden Sommer die Metropolen Westeuropas aufsucht. Die Weltausstellung in Paris 1867, die auch dem Wettbewerb der europäischen Militärkapellen – mit dem späteren »Trompeter von Gravelotte« Heinrich Saro an der Spitze der Preußenkapelle – einen Rahmen gibt, zieht den Künstler aus Wien an, auch Jetty betreibt das Vorhaben mit Entschlossenheit. Schon im Jahr zuvor haben ihr Mann und sein Bruder Josef in Wien huldigende Kompositionen an Pauline Metternich-Winneburg, die umtriebige Salonière und Frau des österreichischen Botschafters in Paris, Richard Metternich, geschrieben, darunter Josefs Polka mazur mit dem simplen Titel *Pauline* op. 190.

Die Gewinne dieses kompositorischen Investments fährt allein der große Bruder ein: Er schafft es, im österreichischen Gesandtschaftshotel in der Rue de Grenelle, Faubourg Saint-Germain, jenes Fest des österreichischen Botschafterpaars mit seiner Musik zu begleiten, das Gesellschaftsreporter hinterher als »das glänzendste, das man in Paris seit Jahren erlebte«, beschreiben werden. Das französische Kaiserpaar Napoleon III. und Eugénie, das belgische Königspaar, der preußische Kronprinz – alle sind sie gekommen. Der *Donauwalzer* wird geadelt.

In Paris wird auch der Prince of Wales, der spätere König Edward VII., auf den Wiener aufmerksam und lädt ihn nach London ein, um zwischen Mitte August und Ende Oktober desselben Jahres in Covent Garden im Royal Italian Opera House 63 Konzerte zu dirigieren. Die englische Uraufführung des *Donauwalzers* feiert sofort Triumphe, wie der Walzerkomponist selbst notiert.

Diese Promenadenkonzerte tragen entscheidend dazu bei, die Erinnerung an den Namen Johann Strauss im angelsächsischen Raum aufzufrischen. Denn schon der Vater hatte erst 1838 und dann kurz vor seinem Tod 1849 London »erobert« und so die Weichen für die Verbreitung des Namens Strauss im angelsächsischen Raum gestellt.

Das Bindeglied zwischen den englischen Auftritten von Johann Strauss Vater und Sohn ist die Mezzosopranistin Jetty Treffz. Sie ist beide Male mit von der Partie und singt Arien: sowohl 1849 als auch 1867. Beim ersten Mal ist sie ein viel beklatschtes Talent an der Seite des ersten Walzerkönigs, beim zweiten Mal die reife Frau des zweiten Walzerkönigs.

Ohne sie ist die Weiterentwicklung des heute berühmtesten Vertreters der Dynastie vom Vorgeiger in den Vorstädten zum Beherrscher der Wiener Tanzsäle und zum späteren Weltstar schwer vorstellbar.

Wenn wir also davon ausgehen, dass Jetty Strauss an Bord der »Rhein« war und ihren reiseängstlichen Mann in die USA begleitete: Wo steht diese vielfach talentierte Frau im Jahr 1872? Die Tochter eines aus Böhmen stammenden Juweliers und einer württembergischen Beamtentochter hat an der Seite von Johann Strauss Sohn ein drittes Leben begonnen, nach dem ersten Leben als berühmte Sängerin und dem zweiten Leben als Salonlöwin sowie Geliebte des Finanzmagnaten Todesco. Fast einhellig wird sie als Ersatzmutter, Managerin, Vermögensverwalterin, Köchin, Privatsekretärin, Reiseorganisatorin, Kopistin und als jene Person charakterisiert, die das gesellschaftliche Leben des Walzerkomponisten organisiert.

Mit Sicherheit wird sie es gewesen sein, die als Erste den Kapitän angesprochen, mit den preußischen Musikern geschäkert und die amerikanischen Reisenden »ins Boot geholt« hat. Reizvoll ist die Vorstellung eines Aufeinandertreffens von Jetty, die von englischen Medien nach ihren Auftritten in London 1849 als »deutsche Nachtigall« gefeiert wird, mit der »Leipziger Nachtigall« Peschka-Leutner auf dem Schiff. Sind sich die beiden Diven aus dem Weg gegangen oder haben sie zur Musik der Preußenkapelle sogar gesungen, eine Art Wettstreit der Nachtigallen?

Sicher ist: Jetty stellt die Kontakte her und führt die Konversation auf Englisch, sie ist Johann Strauss' Tor zur Welt in Wien ebenso wie auf der »Rhein«, in Boston und in New York.

In der Großfamilie, allen voran bei der Strauss-Mutter Anna, stößt sie vor und nach der Eheschließung 1862 zunächst auf Unmut und Misstrauen. Es geht darum, mit dem Familienunternehmen eine weitere Person ernähren zu müssen, aber auch um den großen Altersunterschied zwischen den Eheleuten. »Was ist jetzt Jean? - Ein armer Künstler! - der sich noch plagen muß, um sich und ein Weib standesgemäß zu erhalten«, schreibt Pepi aus Pawlowsk nach der überraschenden Hochzeit von Johann und Jetty an seine Frau Caroline. »Als garcon hätte er flott leben können. O Thorheit!!!! Man ist hier nicht gut zu reden von Jean seitdem er verheirathet ist. Und weiter: Ein alter Mann trat gestern auf mich zu und frug mich: ›Ist es wahr dass Ihr Hr Bruder eine Theaterdame geheiratet?‹ Ja, sagte ich, aber vor 20 Jahren sang sie in Wien auf dem Theater. ›Was?‹, sagt er, ›vor 20 Jahren, wie alt ist sie denn dann?‹- Nun sagte ich, sie ist sehr gut conservirt etc. etc. So höre ich alle Tage etwas anders, selbst viel Unangenehmes.«

Es dauert einige Jahre, bis Josef, der am stärksten von den Brüdern den Blick auf das Gesamtunternehmen gerichtet hat, die organisatorische Kraft im Leben des berühmten Bruders zu schätzen lernt. 1869, im letzten russischen Sommer, schreibt er an seine Frau: »Jetty ist unersetzlich. Sie schreibt alle Rechnungen, sie dupliert alle Stimmen des Orchesters, sie sieht in der Küche nach und wacht über das Ganze mit einer Sorgfalt und Liebenswürdigkeit, die bewunderungswürdig ist.«

Zu diesem Zeitpunkt hat sie bereits das Vertrauen der Mutter gewonnen, deren Bewertungsmaßstab »Nützlichkeit für die Firma« ist. Daher schießt sich Anna Strauss nun auf Josefs Frau Lina ein und sucht, als Josefs Gesundheitszustand kritisch wird, Jetty als Bündnispartnerin in dieser Sache. Aus einem Brief von Mutter Strauss an ihre Schwiegertochter Ende 1869: »Lina ist herzlos, ich habe sie wieder im stillen beobachtet, macht ihm Vorwürfe wegen Warschau, hat keine Idee von seiner Kopfschwäche, ist ein Unglück, so eine Frau um sich zu haben, gerne würde ich mit Dir alleine sprechen (...).«

Als Mutter ihrer sieben Kinder, das lässt sich aus den Korrespondenzen der Folgejahre und nach ihrem Tode erahnen, glänzte Jetty vielleicht nicht unbedingt. Nach ihrem Tod lässt ein Ex-Schwiegersohn, Mann ihrer Tochter Louise und von Beruf Tramwaydirektor, in einem schriftlichen Disput über das Testament ausrichten, »dass ich alles mögliche thue, das Andenken an die Henriette Strauß bei meinen Kindern zu verhindern. Es war dies eine notorisch... und schlechte Mutter, (...) speziell im Vereine mit ihren würdigen Herrn Gemahl, Johann Strauß (...).«

Aber Jetty ist höchst erfolgreich im Bemuttern des »großen Kindes« Johann Strauss, den sie »mein Jeanybub« nennt. Für sie stellt die Verbindung eine Exit-Möglichkeit aus einer verfahrenen, toxisch gewordenen Situation im Palais Todesco dar: »Ich danke Gott täglich, im innersten Herzen, daß er mir dies Lumperl zugeführt hat, der mir das Leben wieder wünschenswert erscheinen ließ, nachdem es mir zum Eckel und zur Qual gewesen«, schreibt sie 1864 in einem Brief.

Ihre Karriere muss sie nicht für ihn opfern – sie hat bereits eine hinter sich. Nun kann sie sich voll auf ihren »Jeanybub« konzentrieren. Und vom Bühnenleben, vom Libretto bis zum Vertragswerk, versteht sie mehr als irgendjemand sonst in Strauss' Umfeld. Das ist eine ideale Kombination, und so schafft sie es in ihrem dritten Leben, ihren Mann in sein zweites Leben zu stoßen. Denn Strauss will eigentlich nichts anderes als komponieren und mit seinen Kompositionen beliebt und erfolgreich sein. Dazu ist es ratsam, mit dem Bisherigen zu brechen: Veranstalter auf eigene Rechnung, rastloser Orchesterleiter und ständig unter Strom stehender Vorgeiger zu sein, von Ball zu Ball zu hetzen, Raubbau an der eigenen Gesundheit zu betreiben. Ein Komponist sein, dessen Tantiemen mit dem Publikumserfolg wie von selbst sprudeln – das scheint ihm instinktiv für diesen Lebensabschnitt angemessener. Jetty ermuntert ihn dazu und steuert ihn ins Operettengeschäft. Sie nimmt die Textbücher, die dafür in Frage kommen, in Augenschein und übernimmt die Korrespondenz. Dass Johann, der nur in seiner Musik geistreich war, wenig von Texten versteht, macht sie nur noch unverzichtbarer. Mit ihr erhält der Maestro seine »Treffz-Sicherheit«, wie die Zeitungen bald »treffzend« schreiben.

So wie es ihr kurz nach der Hochzeit gelungen ist, geschickt zwischen den Brüdern und der Mutter zu vermitteln und die Spannungen zu managen, hält sie umso stärker die Zügel in der Hand, je näher die Reise in die USA rückt. Als das Paar in den Zug Richtung Bremen steigt, ist die erste Strauss-Operette *In-*

digo und die 40 Räuber bereits seit mehr als 15 Monaten auf der Bühne. Und Jetty Strauss ahnt, dass die amerikanische Bühne die nächste Stufe des Ruhms bedeuten kann. Sie hat die Rolle ihres Lebens gefunden.

Während noch offen ist, ob er in den Vereinigten Staaten auch auf der Bühne Anklang finden wird, ist Strauss in Europa bereits ein gemachter Mann, als er sich auf der »Rhein« einschifft. In den Jahren vor der Amerikanischen Reise festigte sich das Fundament seiner künftigen Weltkarriere. Die drei Brüder gerieten nach dem Bruch mit ihrem langjährigen Verleger Carl Haslinger 1863 und unter dem Druck des aufstrebenden Kompositions-Konkurrenten Carl Michael Ziehrer in einen wahren Produktivitätsrausch. Das Eifern mit- und gegeneinander trieb sie in den 1860ern zu einem furiosen Wettlauf. So als hätte er ein Motto an den Beginn dieser Periode, die substanziell für den Nachruhm der Strässe wird, stellen wollen, trägt Johanns 1862 erstmals vorgetragener Walzer op. 267 den sprechenden Titel *Concurrenzen.*

Den Wienerinnen und Wienern und der Welt beschert dieser Wettstreit Melodien, die zu den berühmtesten und schönsten eines ganzen Jahrhunderts gehören. Mit im Gepäck nach Amerika hat Strauss die Walzer *Neu-Wien, Geschichten aus dem Wienerwald* oder *Morgenblätter* op. 279, allen voran aber den fünf Jahre alten *Donauwalzer.*

In den elf Jahren zwischen 1861, dem Eintritt Eduards in die Strauss-Kapelle, und der Amerikanischen Reise sind 100 – von insgesamt 479 nummerierten – Werke Johanns entstanden, bei Josef sind es bis zu seinem Tod 1870 sogar 167 von 300, bei Eduard rund 100 von 300. Fast ein Drittel des Œuvres der zweiten Strauss-Generation wird somit in einem Jahrzehnt geschaffen, darunter viele Werke, die zum »Best of« der drei Brüder gehören: von Johanns *Donauwalzer* und *Geschichten aus dem Wienerwald* über Josefs Walzer *Dorfschwalben aus Österreich* und

Dynamiden bis hin zu Eduards Schnellpolka *Bahn frei!*. Das Jahrzehnt vor dem Boston-Spektakel ist zweifelsfrei die Blütezeit des Unternehmens Strauss.

Die Vorgeschichte der »Strauss Company« ist den bildungshungrigen Amerikanerinnen und Amerikanern des Jahres 1872 bereits bekannt: Es ist die Geschichte eines beispiellosen Aufstiegs, zunächst unter gewaltigen Mühen und Strapazen.

Entstanden ist dieses Familienunternehmen aus der Not heraus – und aus Rache. Johann Strauss Vater, ein genialer Autokrat, aber alles andere als ein Familienmensch, startet aus dem Nichts. Als sein eigener Vater, der Bierwirt, 1816 tot aus der Donau gefischt wird, ist dieser hoch verschuldet. Und als der Vollwaise, dem ein Vormund bestellt ist, sich nach einer Buchbinderlehre in den Kopf setzt, vom Musikmachen leben zu wollen, damit gegen alle Wahrscheinlichkeit Erfolg hat und sogar eine mehrköpfige Familie ernähren kann, gründet er in den 1830ern eine Parallelfamilie mit der Hutmacherin Emilie Trampusch. Mit ihr hat er acht Kinder, von denen fünf überleben, aber nur drei das Erwachsenenalter erreichen. Finanziell hat er es sich und seinen Angehörigen sicher nicht einfach gemacht, von emotionalen Verletzungen ganz zu schweigen.

Die Unterhaltszahlungen kommen zwar meist verlässlich. Dann und wann bleiben sie allerdings doch aus. 1844 entschließt sich Anna Strauss, die Scheidung einzureichen – am gleichen Tag gibt der erst 18-jährige älteste Sohn Johann beim Wiener Magistrat mündlich zu Protokoll, Musiker werden zu wollen. Um unabhängig von ihrem Ex-Mann zu sein, ist die Mutter nicht nur auf das Talent, sondern auch auf die Tüchtigkeit ihres Nachwuchses angewiesen: Der Sohn ist die schärfste Waffe im Rosenkrieg gegen den Vater.

Der Kampf um Anteile am Wiener Tanzmusikmarkt wird in den 1830ern und 1840ern erbittert geführt. Frühere Vereinbarungen zwischen Joseph Lanner und Johann Strauss Vater, sich das Revier aufzuteilen und in den wichtigsten Wiener Tanzlo-

Kitt des Unternehmens
Anna Strauss, die erfinderische und kampfstarke Mutter, setzt ihren ältesten Sohn als schärfste Waffe im Rosenkrieg gegen den Vater ein. Später hält sie das Familienunternehmen selbst in Zeiten größter Zwistigkeiten zusammen.

kalen wie »Sperl«, »Café Dommayer«, »Casino Zögernitz« und »Zur Goldenen Birne« abwechselnd zu spielen, halten nie lange. Ist Strauss auf Tournee, nutzen die Mitwerber die Abwesenheit in der Regel eiskalt aus.

Durch den Tod von Lanner entsteht 1843 eine Vakanz, die es schnell zu füllen gilt. Das ist Johanns große Chance – und er ergreift sie. Nach dem Tod seines Vaters 1849 fusionieren die beiden Strauss-Kapellen, der Marktführer vereinigt sich mit einem seiner größten Konkurrenten. Dieser Zusammenschluss bringt eine potenziell doppelte Besetzung bei den Holz- und Blechbläsern – ein klarer Wettbewerbsvorteil, den der Sohn sofort erkennt und zu seinen Gunsten einsetzt.

Er ist nicht nur biologisch und musikalisch der direkte Nachfahre seines Vaters, sondern auch wirtschaftlich. Der erste Walzerkönig löste den Walzer allmählich vom Tanz und etablierte so den Konzertwalzer; er gilt aber auch als wesentlicher Erneuerer des Veranstaltungswesens und des Eventmarketings seiner Zeit. Auf eigene Kosten veranstaltet er aufsehenerregende Feste für Tausende Besucherinnen und Besucher, etwa »Eine Nacht in Venedig« im Wiener Augarten 1833 und 1834, ein Spektakel mit mehr als 20.000 Beleuchtungskörpern – in seinen Inszenierungsideen war Johann Strauss Vater dem Bostoner Impresario Gilmore durchaus ähnlich. Seine Reisen durch Europa werden zur Blaupause für Musiktourneen verschiedenster Genres in späteren Zeiten, der Wiener Walzer wird zur Exportware.

1829 führte der spätere Schöpfer des *Radetzky-Marschs* das Prinzip ein, feste Eintrittspreise zu verlangen statt bei den Auftritten einen Hut für Spenden herumzureichen. Dass sein Verleger Haslinger lithographische Porträts des Komponisten auf die gedruckten Werke setzen lässt, ist ein wichtiger Schritt in Richtung Personal Branding. Johann Strauss Vater und seine Mitstreiter erkennen, dass die öffentliche Meinung – sowie ihre Beeinflussung, gerne auch mit manipulativen Mitteln – ein Schlüssel für künstlerischen Erfolg ist. Die Techniken und Methoden der modernen Unterhaltungsindustrie des 20. Jahrhunderts – hier werden sie bereits sichtbar.

Der Sohn greift diese innovativen Ansätze auf und entwickelt sie weiter. Er setzt sich in ein Nest, das zwar bereits gemacht ist, aber keine Sicherheitsgarantie für die Ewigkeit darstellt. Den Titel Walzerkönig hat sich der Vater erarbeitet, der Erbe dieser Krone erweitert mit Glück und Geschick das Königreich.

Das Risiko, das mit dem Unternehmertum einhergeht, wird ihm früh bewusst; in Pawlowsk, so glanzvoll und betörend die russischen Konzerte auch sind, ist er Subunternehmer. Will er die Firma erfolgreich führen, braucht er für alle erdenklichen Situationen stets einen Plan B.

Im Strauss-Fall ist es ein Plan J und ein Plan E – Josef und Eduard kommen wie bestellt. Sie werden profund angelernt und nach Bedarf eingesetzt. 1853 wird der mittlere Bruder Josef, acht Jahre später der jüngste Bruder Eduard mit Leitungsaufgaben betraut.

Neben der seriellen Musikproduktion – vielleicht in Erinnerung an die Todesco-Jahre gibt Johann Strauss später augenzwinkernd seinen Beruf als »Walzerfabrikant« an – gilt es, der Konkurrenz möglichst wenig Raum im boomenden Veranstaltungssektor der Jahrzehnte nach der Revolution von 1848 zu lassen. Die Strauss-Kapellmeister haben an manchen Abenden parallel drei Auftritte. Deswegen von einem Monopol zu sprechen, wie es manche Biografen tun, ist allerdings übertrieben. Walzer- und Polkakomponisten gibt es auch neben den Brüdern Strauss; Orchesterleiter ebenso. Der frühere Strauss-Musiker Philipp Fahrbach der Ältere, der sowohl ein Schüler von Strauss-Vater als auch von Joseph Lanner war, behält mit seinem Orchester lange Zeit eine führende Stellung in Wien und leitet bis 1856 den Hofball. Carl Michael Ziehrer wird ab seinem Debüt 1863 vom bisherigen Strauss-Verleger Haslinger gepusht.

Es gelingt den Sträussen jedoch mit vereinten Kräften – der Wahlspruch von Kaiser Franz Joseph »Viribus Unitis« wird auch in dem bereits 1851 uraufgeführten Strauss-Marsch op. 96 verewigt und hält das Trio in seinen besten Jahren zusammen –, eine beeindruckende Marktdominanz zu entwickeln und zu behaupten.

Es ist lohnenswert, die Gemeinsamkeiten ebenso wie die Kämpfe zwischen den drei Brüdern einer näheren Betrachtung zu unterziehen, um jenen Johann Strauss greifbar zu machen, der 1872 nach Amerika fährt.

Das Verhältnis ist durch permanenten Wettstreit definiert, selbst im persönlichen Rückblick. »Populärer mag ich vielleicht sein, aber der Begabtere war doch mein Bruder Josef«, misst sich Johann lange nach dem Tod des Bruders noch einmal mit dem um zwei Jahre Jüngeren. Nicht zufällig kommt Eduard in diesem Diktum gar nicht vor, denn Johann stuft ihn künstlerisch eine Liga unter sich und Josef ein – und lässt ihn das auch regelmäßig wissen. Eduard wird zeit seines Lebens der kleine Bruder des Walzerkönigs – und ökonomisch ein auf eigene Gefahr agierender Kapellmeister – bleiben.

Josef ist musikalisch der Versiertere und Vielfältigere, »meine Liebe zur Musik wird sich nicht in 3/4-Takten ergehen«, kündigt er schon 1855 dem Bruder brieflich an. Dem begeisterten Wagnerianer geht das Komponieren leicht von der Hand. Johann sprudelt zwar vor Ideen, ist aber beim Arrangieren und Instrumentieren immer wieder auf Hilfe angewiesen.

Josef ist auch literarisch versiert und hat einen Sinn für Pointe und Poesie, wie sein Traunsteinbericht zeigt. Johanns erhaltene Texte hingegen sind oft unbeholfen, manche vulgär, in Liebesdingen schwülstig, jedenfalls ohne Anspruch an stilistische Eleganz – er ist auch als gefeierter Walzerkomponist von Russland bis Amerika sprachlich unhöfisch geblieben.

Ebenso verhält es sich mit der Malerei, in der der jüngere Bruder sich um Feinheit der Charaktere bemüht, der ältere jedoch über plumpe Karikaturen nicht hinauskommt. Gar nicht zu reden vom technischen Talent: Josef, der ein Studium am Wiener Polytechnikum absolvierte und als Architekt tätig war, ist sogar auf diesem Gebiet erfindungsreich: Er entwirft zwei Straßenkehrmaschinen, die allerdings zeit seines Lebens nicht realisiert werden. Johann macht Technik eher Angst, von der neuen Eisenbahn bis zur dampfbetriebenen Riesenorgel, wie sie beim Bostoner Weltfriedensfest zum Einsatz kommt.

In einer Disziplin ist allerdings der große Bruder unschlagbar: Er weiß, wie man Stimmungen im Publikum sät, daraus Applaus und Bewunderung erntet und am Ende Ruhm und Geld einfährt. Die meisten Boston-Berichterstatter beschreiben ihn als einen ausgesucht höflichen, charmebegabten, trotz seiner zahllosen Ängste anpassungs- und gesellschaftsfähigen Menschen.

Der Kontrast zum vom Festivalagenten Ziegfeld gezeichneten Nervenbündel könnte nicht größer sein.

Strauss wird seit Ende des 20. Jahrhunderts nicht von ungefähr immer wieder als Vorläufer moderner Popstars bezeichnet, und das hängt nicht nur mit seiner Anziehungskraft auf Frauen und den vom Vater übernommenen und weiterentwickelten Methoden des modernen Musikbusiness zusammen. Sein Riecher für das Populäre und für die Psychologie der Massen sind das Fundament seines Welterfolgs. Steht er einmal auf der Bühne, performt er.

Diese Fähigkeit hat er von seinem ersten berühmten Auftritt im »Café Dommayer« in Wien-Hietzing am 15. Oktober 1844 an erlernt. Das Presseecho lässt schon damals erahnen, dass er auch in der Medienarbeit gut beraten ist. Berühmt geworden ist das Diktum »Gute Nacht, Lanner! Guten Abend, Strauss Vater! Guten Morgen, Strauss Sohn!« in einer der Debütbesprechungen. Nicht nur Inszenierung, auch Programmierung und opportune Titelgebung hat er schon früh im Blut: Er eröffnet den Abend im »Dommayer« nicht mit seinem ersten Walzer *Sinngedichte* op. 1, sondern mit dem Walzer *Gunstwerber* op. 4.

Wie man den Draht zum Publikum und zur Presse am besten zum Glühen bringt, perfektioniert er danach noch in über tausend Ballnächten. Der eine Bruder mag der begabtere sein, der andere besser aussehen – Eduard wird der »schöne Edi« genannt –, im Magnetisieren der Massen und in der konsequenten Monetarisierung ist Johann unerreicht.

Josef dagegen ist mehr der Tüftler, *Zigeunerbaron*-Librettist Ignaz Schnitzer beschreibt ihn bei den gemeinsamen Abenden im »Hotel National« als »beredten Schweiger« und in sich gekehrt. Eine typische Nummer zwei. Pepi selbst schreibt in einem frühen Brief an den großen Bruder: »Ich blieb stets in meiner bescheidenen secundären Stellung – hatte stets nur das Geschäft im Auge.« Seine bühnenerprobte Schwägerin Jetty beurteilt ihn als *zu* »timid«, also zu schüchtern: »Pepi ist ganz Innerlichkeit

u. verschmäht allen Schein – und die heutige Welt. Hält viel auf den Schein!« Er habe die Ausstrahlung und den Habitus eines »pompe funèbre Mandl«, also eines Leichenbestatters, im Wiener Volksmund auch Pompfüneberer genannt.

Während die drei Brüder mit und in ihren Werken das Leben feiern, unterscheiden sie sich in ihren Haltungen zum Ableben markant. Johann meidet, wie erwähnt, panisch Anklänge an den Tod, wo immer es geht. Fast wie sein Antipode entwickelt dagegen Eduard eine Neigung, jedes Detail rund um den Tod penibel zu protokollieren. Es ist folglich symbolkräftig, dass er Jahrzehnte später dem Begräbnis seines großen, berühmten Bruders fernbleibt, der seinerseits den in Not geratenen jüngeren Bruder in seinem Testament nicht bedacht hat.

In der Haltung zu Militär und Kaiser werden die Unterschiede zwischen den Persönlichkeiten und ihren Ausrichtungen besonders deutlich – wie unter einem Brennglas bereits im Revolutionsjahr 1848. Johann Strauss Vater ist in den letzten Jahren vor seinem Tod ein Mann des Systems. Sympathisierte er anfangs noch mit den Freiheitsideen, stellt er sich im Verlauf des Revolutionsjahrs auf die Seite des Regimes. Feldmarschall Radetzky wird nach dem Sieg über Italien zur Galionsfigur der Konservativen, ihm widmet der ältere Strauss Ende August 1848 sein berühmtestes Stück, den *Radetzky-Marsch*.

Sein gleichnamiger Sohn und schärfster Konkurrent am Platz, Kapellmeister des Zweiten Wiener Bürger-Regimentes, verbündet sich dagegen zunächst mit den Aufständischen. Er folgt weniger Prinzipien, als dass er Stimmungen auslotet und sich anpasst.

Der prinzipientreue Josef, der als Technik-Student der Akademischen Legion angehört, lehnt in einem berühmten Brief an den Vater das Militärische hingegen überhaupt ab: »Lassen Sie mich doch, wo ich bin; lassen Sie mich, was ich bin, entreißen Sie mich nicht einem Leben, das mir Freuden bringen kann, einem Leben voll Zufriedenheit. Stoßen Sie mich nicht in jenes unstete, rauhe, allen Sinn für das Menschliche zerstörende Treiben hinaus, zu dem ich nicht tauge, zu dem ich nicht geboren bin. Ich will nicht Menschen töten lernen, will nicht durch Jagdmachen auf Menschenleben ausgezeichnet werden mit einem militärisch höheren Rang, ich will den Menschen nützen als Mensch und dem Staat als Bürger.«

Eduard, der das Revolutionsjahr als Gymnasiast erlebt, belässt es in seinen Erinnerungen bei Anmerkungen zur Ästhetik von Soldatenuniformen und Militärkapellen.

Dass er sich von den revolutionären Stimmungen hat mitreißen lassen, wird Johann lange zu spüren bekommen. Noch am 3. Dezember 1848, einen Tag nach der Krönung des jungen Kaiser Franz Joseph, hat er sein Ohr nahe an den Freiheitsenthusiasten und spielt im Gasthof »Zum Grünen Thor« in Wien-Rossau mit seiner Kapelle je vier Mal die Marseillaise und seinen eigenen *Revolutions-Marsch* op. 54, was ein Verhör bei der Polizei nach sich zieht und ihm am kaiserlichen Hof noch Jahre später Probleme bereiten wird. Notiert wird von den kaiserlichen Spitzeln insbesondere der »jugendliche, arrogante Dunstkreis um seine Direktoratssonne«. Er selbst wird sich später gegenüber den Behörden originell damit rechtfertigen, der aufgeheizten Stimmung durch das – mehrmalige – Abspielen der revolutionären Melodien auf Wunsch des Publikums nachgegeben und auf diese Weise eine weitere Eskalation verhindert zu haben.

Mag er tatsächlich mit Studenten und ungarischen Nationalisten sympathisiert haben – mit der Restauration und nach dem Tod seines Vaters, durch den auch der Titel des k. k. Hofball-Musikdirektors vakant geworden war, sucht sich Johann Strauss Sohn sehr rasch wieder die Gunst des Hofes zu erspielen. Nach dem Attentat auf den jungen Kaiser durch den ungarischen Schneider János Libényi 1853 komponiert er den *Kaiser-Franz-Joseph-I.-Rettungs-Jubel-Marsch* op. 126. Zur Hochzeit des Kaisers mit Elisabeth von Bayern 1854 folgte der Walzer *Myrthen-Kränze* op. 154. Der 1859 uraufgeführte *Vaterländische Marsch,* eine Koproduktion mit seinem Bruder Josef, wird als weiterer Versuch der Wiedergutmachung der »wilden Revolutionsjahre« gewertet.

Das Gedächtnis des Hofs ist von derlei Situationselastizität und Gunstwerberei jedoch kaum zu beeindrucken: Erst 1863 hat Strauss den begehrten Titel in der Tasche.

Dass er im Laufe der Jahre kaisertreu wird, bedeutet jedoch nicht, dass er obrigkeitshörig ist. Freiheit bedeutet für ihn in erster Linie Freiheit für sich selbst und sein künstlerisches Schaffen. Tyrannische Züge entwickelt er nur seinen jüngeren Brüdern gegenüber.

Die walzerselige Familienfassade hat im Laufe der furiosen 1860er-Jahre Risse bekommen. Eduard, der seine angepeilte Diplomatenkarriere einer Ausbildung zum Harfenisten geopfert hat, 1861 sein Debüt als Kapellmeister feiert und ein Jahr später sein erstes Werk komponiert, übernimmt nach und nach Aufgaben seiner Brüder. Pepi, der viel lieber ein Kleinfamilienleben mit seiner Frau und seiner kleinen Tochter führen möchte, springt pflichtbewusst überall dort ein, wo er gebraucht wird – und ruiniert dabei seine Gesundheit. Johann will sich mehr aufs Komponieren konzentrieren und ist immer dann krank, wenn er es braucht, sehr zum Ärger seiner Brüder, die sich als Notnägel, Substitute oder, wie Josef es einmal formuliert, als »Aushilfsmöbel« fühlen. Stücke seiner Brüder spielt Johann bei seinen glänzenden Auftritten in Paris und London nicht, und er verschweigt in Boston, dass die dort gefeierte *Pizzicato-Polka* ein Gemeinschaftswerk mit Pepi ist.

Er liebt es, seine Brüder zu demütigen; das ständige Verächtlichmachen ist sicher einer der irritierenden Charakterzüge des Walzerkönigs. Es ist ein Hang zur Grenzüberschreitung jenen gegenüber, die er als unter sich stehend oder bloß nützlich erachtet. Auf die Spitze trieb er das in Form von Zusätzen auf Briefumschlägen, die praktisch alle im Hirschenhaus Ansässigen mitlesen können, wenn sie die Post entgegennehmen. Auf einem Umschlag an die Schwägerin Lina heißt es, auf die offenbar erschlaffte sexuelle Vitalität von Josef anspielend: »Madame Lina Strauss, die sich gerne täglich begatten möchte lassen, da sie doch einen kalten Bauer liebt, aber wo nichts ist, hat die Charlotte das Recht verloren.«

Solange noch die Mutter über allem thront, ist sie die Ordnungsruferin, die Garantie vor Eskalation, der Kitt in einem zusehends auseinanderbrechenden Gefüge. In jenem Brief von Anna Strauss, in dem sie am Ende ihre Hoffnung auf eine Erholung der Situation an der Börse zum Ausdruck bringt, wird klar, dass sie, wie Eduard es kurz darauf formuliert, »das Bindeglied in der gesammten Familie« ist. Ihr Brief ist an Josef gerichtet, datiert mit 17. September 1869, es brodelt wieder einmal zwischen Josef und Eduard. Anna schreibt: »Es ist besser Trennung als eine so elendliche Existenz, nicht schlafen, nicht essen können, keine Ruhe, nichts als Falschheit, Streit und Neid unter euch, will nichts mehr wissen, ihr kennt nichts als eure Familien und wir sind die Heußeln.« Wenn sie von »wir« spricht, spricht sie von sich selbst und ihren beiden unverheirateten und nicht berufstätigen, also unversorgten Töchtern, die in der Gesamtrechnung nicht unter den Tisch fallen gelassen werden wollen: Anna, genannt »Netti«, und Therese, die »Resi« gerufen wird.

Die Versorgung der Großfamilie war stets das oberste Ziel des Unternehmens Strauss gewesen. Klar, dass der nachgiebigste ihrer Söhne, Josef, nach einem emotional derart exquisit erpresserischen Brief wieder einmal dorthin springt, wo ihn die »liebe Mama« benötigt.

Fünf Monate später, am 23. Februar 1870, ist Anna Strauss tot. »Lungenvereiterung« ist die offizielle Todesursache, sie wird 69 Jahre alt. Josef kollabiert an ihrem Totenbett, dennoch schleppt er sich – anders als Johann – zwei Tage später zu ihrem Begräbnis, das in der Karmeliterkirche stattfindet, nur ein paar Schritte vom Hirschenhaus in der Taborstraße entfernt.

Nur fünf Monate, nachdem sich das für seine Befindlichkeiten so wachsame Auge der Mutter geschlossen hat, ist auch er tot. Im Juni bricht er während eines Konzerts im Warschauer Etablissement »Schweizerthal« zusammen. Am 22. Juli stirbt er, zurück nach Wien gebracht, im Hirschenhaus mit gerade einmal 42 Jahren. »Blutzersetzung« heißt es im Totenschein, doch seine Witwe will keine Autopsie; heute wird aufgrund der Symptomatik eher ein Gehirntumor vermutet.

In den Krisenmonaten, die Josefs Tod folgen, treten nun auch kurz die Schwestern auf, die ansonsten nur eine Nebenrolle im Strauss-Gefüge spielen. Netti wurde 1829 geboren und ist damit jünger als Josef und älter als der 1835 geborene Eduard. Sie ist folglich 41, als im Jahr 1870 mit der Mutter und dem mittleren Bruder zwei wesentliche Säulen der Firma Strauss wegbrechen. Offenkundig auf Geheiß von Schwägerin Jetty kümmert sie sich nach Josefs Kollaps um Lina, wie aus einem Brief Jettys an Lina hervorgeht: »Deßhalb senden wir Netti, welche nicht auf Pepi's Kosten reist zu euch, damit sie das Geschäftliche besorgen kann u. auf alles ein wachsames Auge hat bis Jean imstande ist hinzukommen.«

Anna junior ist also in dieser Phase ein »Aushilfsmöbel«, die genauso wie Pepi in den zwei Jahrzehnten vor seinem Tod dorthin verschoben wird, wo die Umstände es gerade erfordern. Es gibt einen Brief Nettis vom August 1870, in dem sie an die Witwe Caroline schreibt: »(...) bereite Dich mit Geld vor. Bis Donnerstag muß ich Auszahlung und Reisegelder haben, sonst verstecke ich mich, und der Nahme Strauss ist pfutsch für immer.«

Das Aufrechterhalten des schönen Markenscheins, aber auch der finanziellen Ordnung ist in dieser Umbruchsphase des Strauss-Unternehmens das Um und Auf. Mit der Schwägerin Caroline pflegt Netti noch eine Zeit lang Kontakt, auch wenn der familiäre Imperativ in den Schreiben überwiegt und moralische Erpressung Einzug hält. In einem Brief vom August 1871 geht es erneut um Geld, Abrechnungen und darum, dass sie eine bestimmte Summe zahlen solle, »du wirst doch nicht deinem Mann im Grabe etwas Schlechtes noch nachsagen«.

Netti, von ihrer Nichte Carolina als »gebildet, voll Witz und Spitzbübereien und grandiose Clavierspielerin, aber sehr wählerisch in Bezug auf die Heiratswerber« beschrieben, stirbt ohne Vermögen Ende 1903.

Die um zwei Jahre jüngere Therese, geboren 1831, entwickelt kaum Eigenprofil. Resi wohnt im Hirschenhaus zurückgezogen in einem Zimmer mit einer Tante und beteiligt sich auch nicht an den Unterhaltungsabenden, die Josef dann und wann im Familienquartier veranstaltet.

Johann unterhält zu seinen Schwestern ein patriarchal-fürsorgliches, aber kaum über das Brüderlich-Betriebsnotwendige hinausgehendes Verhältnis. Es gibt einen undatierten Brief an beide, offenkundig auf Initiative von Jetty und als Reaktion auf ein Geschenk entstanden, das ihm Anna und Therese geschickt haben. Wie es von ihm erwartet wird, beteuert er die »Herzensgefühle, welche ich in meinem Busen für euch nähre«. In erster Linie blödelt der berühmte Bruder jedoch nach stotterndem Beginn (»Waaß ich nicht, was fange ich an«) über Belanglosigkeiten, etwa darüber, dass er jetzt ein Pferd kaufen wolle »zum Reiten für mein Weib werd ich mich hängen an den Schwaf damit ich auch was hab davon wann sie reitet aus«. Sichtlich erleichtert übergibt er die Feder an seine Frau, die den Brief finalisiert.

Resi selbst lässt nach ihrem Tod 1915, am Ende eines fast 85 Jahre langen Lebens, nur Floskeln zurück. Ihr Bruder Johann habe ein »Herz aus Gold« gehabt, wird sie im »Wiener Illustrirten Tageblatt« Jahrzehnte später zitiert, sie habe, als er berühmt war, jeden Freitag bei ihm »speisen« müssen. In den Nachrufen wird artig darauf hingewiesen, dass sie stets »lebhaftesten Anteil« am musikalischen Schaffen der Brüder gehabt habe.

Ende November 1870, fünf Monate nach Josef, stirbt noch eine weitere, meist unsichtbare Zentralinstanz des Strauss-Systems: Josefine Waber, die Tante, auch sie zuletzt im Hirschenhaus wohnhaft. Sie wird 66 Jahre alt. »Lungenblutung«, heißt es in den Zeitungen. »Tante Waber« hat in den Jahren davor dafür

Die Controllerin
Josefine Waber, Anna Strauss' Schwester, sorgt dafür, dass von den üppigen Einnahmen auch etwas übrigbleibt – der Grundstock für Johann Strauss' ansehnliches Vermögen ist geschaffen.

gesorgt, dass durch striktes Controlling von den vielen Einnahmen am Ende auch etwas übrigbleibt. Die jüngere Schwester von Anna Strauss reiste nach Pawlowsk und Warschau mit und überwachte die Geldgeschäfte mit strengem Blick.

Es ist erstaunlich, dass die Strauss-Frauen noch immer nicht in einer großen Zusammenschau porträtiert sind. Sie haben an dem Fundament für Johanns Jahrhundertlaufbahn ganz wesentlich mit gebaut: seine Mutter, seine erste und – in der Ökonomisierung und Nachbearbeitung – seine dritte Frau, die aktive Managerin seines Erbes. Aber auch die Tante und, jedenfalls am Rande, die beiden Schwestern, müssen erst jenen Platz in der Geschichte des Unternehmens bekommen, der ihnen zusteht. Die Musikwissenschaftlerin Eva Maria Stöckler kommt zum Schluss, dass »das Musikunternehmen Johann Strauss Vater und Sohn ein arbeitsteilig organisiertes Musikkompositions- und Musikproduktionsunternehmen (war), das die ökonomischen und medialen Möglichkeiten ihrer Zeit bestmöglich nutzte. Ein Unternehmen, in dem die Frauen wesentlich zum Erfolg beigetragen haben: als Hausfrauen, Managerinnen und Schatzmeisterinnen.«

Ende 1870, wenige Monate bevor sich Patrick S. Gilmore auf den Weg nach Wien macht, ist das alte Familienunternehmen Strauss Geschichte; das Triumvirat und sein bisheriges Management gibt es nicht mehr. Jetty macht jetzt auch keine Anstalten mehr, die Verwerfungen zwischen den Brüdern zu glätten, so wie es unter dem Kommando von Anna Strauss von ihr erwartet wurde. Eduard bleibt mit seiner Familie als Einziger im Hirschenhaus wohnen und führt die Strauss-Kapelle, Johann ist frei für ein neues Leben, für die Operette, für Amerika. Der letzte gemeinsame Auftritt der drei Brüder findet am 13. März 1870 im Rahmen des ersten Konzerts einer sechsteiligen Serie im Goldenen Saal des neuen Musikvereinsgebäudes statt, heute Spielstätte der jährlichen Neujahrskonzerte.

Unter Jettys Aufsicht werden die Weichen systematisch neu gestellt. Schon seit Jahren wird in den Zeitungen über die erste Operette von Strauss spekuliert. Das Wiener Publikum fordert endlich eine Wiener Antwort auf die großen Erfolge von Jacques Offenbach, der 1864 in der Donaumetropole zu Gast war. Zunächst nehmen die Herausforderung nur Carl Millöcker, der später mit dem »Bettelstudenten« berühmt wird, und Franz von Suppè an, dessen »Leichte Kavallerie« 1865 uraufgeführt wird. Strauss lässt sich bitten, auch von Jetty. Ein angeblich fertig gestelltes Werk mit dem Titel »Die lustigen Weiber von Wien« gilt bis heute als verschollen.

Ernst wird es, als sich Strauss vertraglich an das Theater an der Wien bindet. Mit mehrmonatiger Verspätung wird die Operette *Indigo und die vierzig Räuber* im Februar 1871 uraufgeführt. Sie wird ein ansehnlicher Erfolg, die Zusammenarbeit mit seinem Arrangeur und Textdichter Richard Genée ist jedoch noch ausbaufähig. Es ist anzunehmen, dass auch der zwar viel jüngere, aber im US-Geschäft erfahrene Theaterdirektor und angehende Operettenkomponist Adolph Neuendorff an Bord der »Rhein« einige Ratschläge zum Thema parat hat. Im Sommer nach seiner Rückkehr aus den USA werden Strauss und Genée dann bald jenes Werk schreiben, das den Namen Strauss auch auf der Bühne unsterblich macht: *Die Fledermaus.*

Zur Neuorientierung nach dem Tod von Mutter, Bruder und Tante gehört auch die Trennung von jenen Funktionen, die mit viel Präsenz verbunden sind. Johanns Antrag zu Jahresbeginn 1871, aus seinen Funktionen eines k. k. Hofball-Musikdirektors und den damit verbundenen Pflichten entlassen zu werden, stimmt das k. k. Obersthofmeisteramt zu, gleichzeitig wird ihm gestattet, den Ehrentitel bis an sein Lebensende zu führen. Den in diesem Zuge verliehenen Kaiser-Franz-Joseph-Orden, ein achteckiges, karminrot emailliertes Goldkreuz, trägt Johann auch stolz bei seinen Auftritten in Boston und New York.

Als er in Hoboken anlegt, hat Johann Strauss Sohn den *Donauwalzer* und andere Hits im Gepäck. Er hat sich aus einer dominanten Rolle im Familienunternehmen verabschiedet und zu einem Ein-Mann-Unternehmen transformiert, das maßgeblich von seiner Frau gemanagt wird. Er hat damit begonnen, Stücke für die Bühne zu schreiben und musikalisch Neues zu entdecken. Die Neue Welt wartet auf ihn. Amerika wartet auf ihn.

4.

KAPITEL

»JEANYBUB« UND DIE FRAUEN

Genervt ist Strauss bereits auf dem gewaltigen Raddampfer »Bristol« von New York nach Boston, einem nach Eigenwerbung des Betreibers »schwimmenden Mammut-Palast« auf der Fall-River-Linie. Er fasst 1.200 Personen, doch an diesem Tag sind bei der Fahrt zum Ankunftsort wohl 1.500 Menschen an Bord – und damit fast doppelt so viele wie auf der »Rhein«. Kein Wunder, dass dem nervösen Künstler aus Wien in Amerika alles gedrängt und gehetzt vorkommt. Die Erleichterung über die erste geglückte Überfahrt währt nur kurz.

Ziegfeld ist an die Theatralik seines Schützlings inzwischen gewöhnt, die US-Reporter nicht. Eine Berichterstatterin zitiert Originalaussagen des Maestro aus Wien auf der Schifffahrt Richtung Boston: »Jeder in Amerika hat es eilig«, so Strauss, und diese kollektive Hast habe ein Ausmaß, mit dem nicht einmal seine eigene nervöse Energie mithalten könne. Weil er nicht Englisch spreche, so gibt er zu, könne er auch nicht die Natur der Amerikaner verstehen. Die Korrespondentin notiert nicht ohne Genuss: »Sie hätten ihn sehen sollen! In einem Ausdruck heiligen

Entsetzens warf er seine Arme in die Höhe und stieß aus: ›Oh mein Gott, wenn ich das gewusst hätte, wäre ich gar nicht erst losgefahren! Und jetzt wäre es mir lieber, in der Tat, ich wäre daheim geblieben!‹« Heimweh packt Strauss, und er ergeht sich in Selbstmitleid: »Zuhause habe ich jede Menge Ehre und Ruhm. Was brauche ich mehr?«

Die amerikanische Gehetztheit nervt ihn, noch bevor er richtig angekommen ist.

Nach dem Anlegen in Fall River ist das letzte Stück der Reise noch mit dem Zug zurückzulegen. Der nächste Schock: Es gibt bei der amerikanischen Bahn keine Sicherungsposten mit Signalfahnen, wie er sie aus Europa kennt. »Das ist vollkommen scheußlich, monströs«, wird er später einem Reporter in New York sagen. Zwei Riesenschiffe hat er überstanden, nun bringen ausgerechnet die allerletzten Meter auf den Schienen sein dünn gewordenes Nervenkostüm beinahe zum Zerreißen.

Ankunft am Bahnhof Old Colony Depot in Boston ist am Sonntag, 16. Juni, um 9 Uhr morgens. Nach einem kurzen Empfang durch die Festivalleitung und eine deutsche Delegation wird die letzte Strecke bis zum St. James Hotel am Franklin Square per Kutsche zurückgelegt. Die Preußenkapelle wird nur einen Block weiter, im »Lancaster House« an der Ecke Washington und East Concord, einquartiert. Für die 48 Mann gibt es keine Kutschen, ihr zackiger Marsch bis zum Hotel ist die beste Promotion für sich selbst und für das Festival.

Was Strauss und seine Reisebegleitung aus Wien in den ersten Stunden sehen und erleben, ist in ihren Augen verrückt. In zumindest einem Bostoner Lokal hängt ein Plakat, das ihn als Weltbeherrscher auf einer Weltkugel zeigt. Auf der »Bristol« hat er aufgeschnappt, dass Kanonenschüsse die Vorstellungen von Giuseppe Verdis Oper »Il Trovatore« begleiten werden, ganze drei Artillerie-Batterien sollen dabei zum Einsatz kommen. Auch wenn es nicht »seine« Stücke betrifft – allein die Vorstellung versetzt den Walzerkönig in Panik. Es wird ihm von einer gigantischen Orgel erzählt, die im Coliseum aufgestellt ist, betrieben von einem Gasmotor und acht Pumpen. Die längste Pfeife misst 13 Meter. Laut Gilmores Werbetrommlern ist es – natürlich – »die kräftigste Orgel, die jemals gebaut wurde«. Strauss interessieren Superlative jedoch höchstens, wenn es um Publikum und Honorare geht, nicht jedoch in technischen Belangen. Hätte er gewusst, dass bei der Aufstellung der Riesenorgel ein Arbeiter ums Leben gekommen ist, der seine Schuhe in der großen Pfeife vergessen hat und just in dem Moment hineinklettert, als die heiße Luft eingeblasen wird – er hätte wohl Reißaus genommen. Kein Ziegfeld dieser Welt hätte das als gutes Omen umdeuten können.

Dampfbetrieben ist auch der Aufzug im Hotel. Das »St. James« wurde erst vor vier Jahren errichtet und hat 400 Zimmer. Umgeben von solch umfassend internationaler Gesellschaft waren weder Johann noch Jetty Strauss je beherbergt, schon gar nicht Stephan Detoni und Anna Cedek, die Dienstboten. Der *chargè d'affaires* der österreichischen Botschaft in Washington, Baron Ladislaus Hengelmüller von Hengervár, hat bereits eingecheckt, als sie ankommen, außerdem Spitzendiplomaten aus den Niederlanden, Haiti, Peru und Ecuador. Der russische Gesandte in den USA, Baron Heinrich von Offenberg, ist ebenso für die Festivaleröffnung angereist wie der spanische Admiral De Palo. Ebenfalls im »St. James« einquartiert ist der deutsche Komponist Franz Abt, der schon ein paar Tage früher eingetroffen ist.

Die Zugehörigkeit zur gehobenen Gesellschaft gilt Strauss spätestens seit seinen Erfahrungen in den Wiener Salons erstrebenswert: vom Vorstadtbuben zum gern gesehenen Gast von Herrschern und Magnaten. Äußerlichkeiten und Insignien jedweder Art sind ihm dabei durchaus wichtig, Titel und andere Statussymbole der höfischen Gesellschaft sind für die Sträusse Türöffner in die glanzvolle Welt des Adels und des Großbürgertums.

Im unmittelbaren Vorfeld der Amerikareise versuchte er sogar, einen Adelstitel zu ergattern. Kurz vor Reiseantritt, im April 1872, adoptiert ihn Jettys Stiefvater Josef Ritter von Scherer mit dem Ziel, seinen Adelstitel auf Johann zu übertragen. »Johann Ritter von Strauss«, wie sich das an den Höfen Europas, ja auch im republikanischen Amerika machen würde! Dass Ritter von Scherer im Nachtrag des Testaments an jenem 29. Mai, als die Amerikareisenden Richtung Bremerhaven starten, eine jährliche Lebensrente von 1500 Gulden zugesichert wird, darf als klassisches Gegengeschäft bewertet werden. Die Mühlen der höfischen Bürokratie mahlen allerdings so langsam, dass erst Anfang 1873 über das Ansuchen – abschlägig – entschieden wird. »Walzerkönig« ist der einzige Titel, mit dem Strauss anreist.

In einem Interview mit der »New York Sun« betont das Ehepaar Strauss die örtliche und alltägliche Nähe zum Kaiser in Wien. Wenn Kaiser Franz Joseph ihren Mann beim Spazierengehen im Schlosspark von Schönbrunn treffe, plaudert Jetty aus, grüße der Herrscher immer zuerst: »Grüß Gott, wie geht's?« Und weiter: »Wir leben in Hietzing, außerhalb der Stadt (...) nach englischem Stil, mit unseren eigenen Pferden und Kutschen. Wir fahren, wohin wir wollen, und haben alles, was unser Herz begehrt.« In den USA mögen sie als Relikt der alten aristokratischen Gesellschaften Europas betrachtet werden, bei den Hunderten diplomatischen Besuchern des *World's Peace Jubilee,* wie sie im St. James Hotel einquartiert sind, verleihen solche Statusbeschreibungen Renommee.

Die Kraftmeierei des Festivals, die sich in Propaganda-Rekordzahlen ausdrückt, beeindruckt diese Gesellschaft weniger. Doch wie substanziell sind die Sensationen, die Patrick S. Gilmore in Wien versprochen hat – 100.000 Besucherinnen und Besucher im Coliseum, 20.000 Mitglieder im Chor, 2.000 Musizierende im Orchester – überhaupt?

Die Zahlen, von einigen europäischen Zeitungen im Vorfeld des Spektakels marktschreierisch sogar noch einmal verdoppelt, gehören zu den großen Mythen des Weltfriedensfestes. Was im Vorfeld nicht nach Europa kommuniziert wird: Ein Sturm hat am

26. April, sieben Wochen vor Start des *Jubilee*, die in Errichtung befindliche Halle niedergerissen. Sie wird gerade noch rechtzeitig wieder aufgebaut, allerdings mit einem kleineren als ursprünglich geplanten Fassungsvermögen für nur 60.000 Personen. Das Gilmore-Versprechen ist um 40 Prozent geschrumpft, noch bevor er es einlösen kann.

Das Orchester wird es im Verlauf der kommenden Wochen nicht einmal auf die Hälfte der in Aussicht gestellten 2.000 Musiker bringen. Mit der Zahl 987 wird Strauss dennoch für mehr als hundert Jahre, bis in die 1980er-Jahre, als »Dirigent des größten Orchesterkonzertes« in den Rekordbüchern verewigt.

Rekordsucht, nicht Wohlklang, ist der leitende Gedanke der Organisatoren: Es musizieren 250 erste und 200 zweite Violinen, 150 Bratschen, 100 Celli, 100 Bassgeigen, je zwölf erste und zweite Flöten, 20 Klarinetten, 20 Oboen, 20 Fagotte, 24 Hörner, 24 Trompeten, 32 Posaunen, sechs Paar Pauken, 17 Trommeln unterschiedlichster Größe.

Der imposante Chor ist aus 165 Chören quer durch die USA – hauptsächlich aus dem Bundesstaat Massachusetts – zusammengestellt. Er ist nahe an den Vorgaben des Gilmore-Marketings dran: 17.282 Sängerinnen und Sänger werden gezählt: 5.115 mal Sopran, 4.258 Altistinnen, 3.592 Tenöre, 4.317 Bässe.

Das ist jedoch nur eine Momentaufnahme, keine permanente Größe. Im Laufe der drei Wochen schrumpfen sowohl Orchester als auch Chor merklich. Dass Strauss seine Kapelle aus Wien nach Boston mitnehmen würde, wie von den Festivalorganisatoren vorab trompetet, ist eine glatte Irreführung des Publikums.

Was der Boston-Star später verbreiten lässt – er habe für die Aufführung seines *Donauwalzers*, begleitet vom riesigen Chor, 20 Subdirigenten benötigt –, fällt gleichfalls unter die Kategorie Märchen & Mythen, wie der penible Bostoner Strauss-Forscher Dann Chamberlin nachgewiesen hat. Den Chor hat der Walzerkomponist vermutlich nie dirigiert, und auch für Hilfsdirigenten beim Festival gibt es keine Belege. Viele der Halbwahrheiten und Übertreibungen sind auf eine rund zwei Jahrzehnte später geführte Konversation zwischen Strauss und seinem *Zigeunerbaron*-Librettisten Ignaz Schnitzer über das Monsterfestival zurückzuführen, die Schnitzer seinerseits rund drei Jahrzehnte später, im Jahr 1920, veröffentlichte. Im Lebensrückblick war für den Stargast des Musikspektakels das Boston-Ereignis demnach »das Ungeheuerlichste und Komischste, was mir auf meinen Reisen untergekommen ist«.

Dennoch liest sich die ellenlange Namensliste der vielen tausend Musiker und Chormitglieder, die das »Boston Evening Transcript« am Tag der Eröffnung abdruckt, noch heute beeindruckend. Sie ist der Beleg dafür, dass nicht nur Staatsmänner und Botschafter aus aller Welt herangekarrt, sondern auch viele Menschen aktiviert worden sind, die tatsächlich die Töne machen, und damit die Musik. Aus 180 verschiedenen Städten und Dörfern der Vereinigten Staaten kommen allein die Chormitglieder. Während die Stars Traumgagen erhalten, arbeiten diese fast 19.000 Musizierenden, allen voran die Sängerinnen und Sänger, großteils auf ehrenamtlicher Basis.

Vielen mag der größte Lohn für die Probe- und Aufführungsstrapazen gewesen sein, aus nächster Nähe einen Blick auf den Maestro aus Vienna, Austria, werfen zu können. In zigtausend amerikanischen Familien wird noch Generationen später über den Mann mit dem gekrausten Haupthaar und seinen Magnetismus gesprochen werden.

Magnetisch wirkt er auch auf die amerikanischen Frauen. Nicht nur bei seinen Auftritten in Boston, sondern auch bei der Probearbeit muss der Österreicher mächtig Eindruck gemacht haben. »Die Musiker sind über Strauss und seine Art zu dirigieren begeistert«, rapportieren die Berichterstatter schon in der Frühphase. Zusatz: »Und sie haben sich freundschaftlich darauf verständigt, über seine exzentrischen Manieren hinwegzusehen.«

Sind es im aus allen Landesteilen zusammengewürfelten Orchester Männer, so sind es im Chor auch viele Sängerinnen, die ihn bewundern, bestaunen, verehren. »Jede Lady im Chor ist hoffnungslos in ihn verliebt«, schreibt eine anonyme Berichterstatterin – gezeichnet als *Susie V., Lady Correspondent in the Chorus* – im »Springfield Daily Republican« am zweiten Tag des Festivals, nachdem er sein Opus 333, den Walzer *Wein, Weib und Gesang,* performt hat.

Die Proben werden vor allem für die vielen Verehrerinnen ein Fixtermin. Es sind die höheren Töchter der Stadt, die sich von den Zwängen der Moral, der steiferen Nachmittagsvorstellungen und des Ticketkaufs befreien wollen. Dem Reporter der »New York Tribune« gelingt es, nahe an das Gesumse rund um den Meister zu kommen, er liefert folgende Beschreibung ab: »Hübsche Mädchen umlagern ihn in der Hoffnung, ein Autogramm zu erheischen, oder sein Lächeln, das er dazugibt. Sie tun ihr Bestes, um ihn zu verwöhnen, diese Töchter von Puritanern. (...) Der Himmel weiß, wie sie es schaffen, zu den Proben zu kommen, jedenfalls umschwirren sie ihn wie Bienen eine Blume. Manchmal sieht man in seinen Augen ein Zwinkern, als würde er sich gerade überlegen, wie er Madame Strauss mit der Geschichte seiner Eroberungen erheitern könnte.«

Als sich das Spektakel dem Ende nähert, ist der Hinweis im täglichen Sonderreport des »Boston Evening Transcript« nur noch Marginalie, der Dirigent sei »einmal mehr Held weiblicher Schwärmerei und Bewunderung« gewesen.

Epizentren der Verehrung sind neben dem Coliseum selbst auch das Hotel in Boston und später jenes in New York. Ständig muss der Meister dort Signierwünsche erfüllen. »Es wird geschätzt, dass Strauss während seines Aufenthalts in Boston 946.213.884,692 mal ein Autogramm gegeben hat«, heißt es in einer Glosse. Er selbst erklärte, dass er von der repetitiven Tätigkeit »tödlich gelangweilt« war; es gibt jedoch Indizien, dass ihm Jetty, die in Amerika die weibliche Fanpost sichtet, dabei

A Ladies' Man
In Boston umschwirren Johann Strauss Sohn Frauen »wie Bienen eine Blume«, wie zeitgenössische Beobachter notieren. Im puritanischen Neuengland stößt das Verhalten seiner Verehrerinnen auf das Missfallen von Kommentatoren.

immerhin zur Seite stand und half, Fake-Unterschriften anzufertigen. Ungesichert ist, ob die *Autograph Waltzes,* die zunächst Strauss zugeschrieben wurden, tatsächlich aus diesem Eindruck heraus entstanden sind. Von ihm komponiert worden sind sie höchstwahrscheinlich nicht, als Schöpfer gilt Alfred E. Warren, dessen Marsch »The Inman Line« in Boston ebenfalls aufgeführt wurde.

Der Dauerrummel rund um seine Person setzt Strauss zu. Mit fortschreitendem Alter ist sein Bedürfnis nach Zurückgezogenheit gewachsen. Es ist jedoch schwer in Einklang zu bringen mit den Verpflichtungen eines Stars einer neuen Musikbusiness-Ära.

Die Sucht nach Erinnerungsstücken trifft nicht nur ihn. Immer, wenn sie am Publikum vorbeimüssen, bekommen die Bühnenmenschen des Festivals Autogrammbücher entgegengestreckt. Die »Jubilee Days« halten dieses Phänomen sogar in einer Karikatur fest, die am 3. Juli, am Ende des Festivals, erscheint. Die Zeichnung zeigt eine Dutzendschaft Ladys, die Schlange stehen, um den erstaunten, teils erschrocken dreinblickenden Musikern der englischen, preußischen und französischen Kapelle eine Unterschrift abzuringen. Ein später veräußertes Autogrammbuch einer *Jubilee*-Besucherin, die darin im Jahr davor noch Unterschriften berühmter Suffragettinnen verewigte, versammelt auch die Boston-Stars: Heinrich Saro, Dan Godfrey, Johann Strauss, Franz Bendel und Minna Peschka-Leutner.

Für Strauss' Team ist sein Umgang mit Frauen eine Gratwanderung. Es wird einerseits alles getan, um sein geschäftsförderndes Image als Frauenschwarm zu kultivieren. Strauss selbst erzählt Journalisten in Boston und später in New York gerne von seinen vielen Verehrerinnen in Russland, die ihm fast eine Glatze beschert hätten. Denn die Besucherinnen seiner Konzerte in Pawlowsk hätten stets um eine dunkle Strauss-Locke als Souvenir gebeten, und kurzerhand sei er dazu übergegangen, seinem Neufundländer Haare abzuschneiden und diese als Lockenersatz ans Fanpublikum zu verteilen. Dieser Hund wird in späteren Berichten aus den USA so dargestellt, als wäre er auch in Boston und New York dabei gewesen. Er gehört aber eher zu den gut gepflegten Mythen als zu den wahren Anekdoten dieser Reise, wie Chamberlin meint.

Andererseits ist auf die herrschende Moral Rücksicht zu nehmen. Boston wurde 1630 von englischen Puritanern gegründet, berüchtigt für ihre Sittenstrenge und Vergnügungsfeindlichkeit. »Banned in Boston« wird Ende des 19. Jahrhunderts sogar zum geflügelten Wort: Gemeint ist damit das Verbieten und Verbannen von Inhalten – meistens mit sexuellem Bezug – durch die Behörden der Stadt.

Für moralisierende Kommentatoren des Gilmore-Festivals ist Strauss folglich eine Provokation. »Die gottlosen Walzer des göttlichen Strauss treiben das puritanische Neuengland in den Wahnsinn«, vermerkt der Bostoner Korrespondent von Horace Greeleys liberaler »New York Tribune« mit Genugtuung.

Der »Springfield Weekly Republican« notiert am 28. Juni 1872, der Maestro erhalte täglich »unzählige Briefe in weiblicher Handschrift«. Der Verfasser vermutet, dies hänge mit den »leidenschaftlichen schwarzen Augen«, dem »hübschen dunklen Gesicht« und den »fremdländischen Manieren« des Künstlers zusammen. Strauss' erotische Energie wird mit jener der britischen Schriftsteller William Thackeray und Charles Dickens sowie des französisch-britischen Schauspielers Charles Fechter verglichen. Solche kollektive Schwärmerei, wechselt der anonyme Autor jedoch nach diesen schmeichelhaften Analogien wieder in den Puritaner-Modus, sei sittlich ein Armutszeugnis für amerikanische Mädchen und Frauen.

Schlüpfrigkeiten, Obszönitäten, außereheliche Aktivitäten – das passt nicht ins offizielle Bild des Künstlers, der stets mit seiner Ehefrau auftritt. In einer von Jetty unbeobachteten Sekunde macht sich Strauss *on records* Gedanken über die Schönheit der Frauen von Boston. Er hat die 16 Bostoner Bühnenauftritte und zwei der drei daraus folgenden Konzerte in New York zu diesem Zeitpunkt bereits hinter sich und kann über das Erlebte vergleichsweise entspannt reflektieren. Boston, antwortet er auf eine entsprechende Frage des »New York Sun«-Journalisten, als Jetty gerade nicht im Raum ist, sei »puritanisch, stupid, dumpf. Kein Leben in den Straßen, keine Eleganz, kein Luxus. Die Frauen sind hausbacken, und sie ziehen sich nicht nett an. Ich mag Boston nicht. Aber von New York bin ich ganz entzückt.«

Wie immer versucht er dem lokalen, in diesem Fall dem New Yorker Publikum zu schmeicheln. Er verrät aber auch, dass er durchaus einen interessierten Blick auf die weibliche Bevölkerung wirft. Dass er ein verheirateter Mann ist und sich mit abqualifizierenden Bemerkungen über die Attraktivität von Frauen in der Öffentlichkeit zurückhalten sollte – das mag Neuenglands Moral sein. Seine ist es nicht.

Darüber hinaus gibt es kaum Ausrutscher auf dem glatten Parkett der gängigen Moralkodizes. Strauss weiß, dass derlei karriereschädigend sein kann. Diese Lektion lernte er schon mehr als 15 Jahre vor der USA-Reise. Er ist 31 Jahre alt, als der gefürchtete kaiserliche Feldmarschallleutnant Johann Kempen von Fichtenstamm, Chef von Polizei und Gendarmerie, 1856 zu einem folgenschweren Urteil kommt: In der Begründung, warum Strauss für den Titel des k. k. Hofball-Musikdirektors nicht geeignet sei, heißt es, dieser sei »ein leichtsinniger, unsittlicher und verschwenderischer Mensch«. Details dazu werden nicht angeführt.

Die höfische Gesellschaft, die ihm so wichtig ist, lässt in dieser Hinsicht nicht mit sich spaßen. Selbst nachdem er verheiratet ist und kurz darauf den begehrten Titel erhalten hat, wird er von den Konservativen argwöhnisch ob seines Lebenswandels beäugt. Noch 1884 hält Erzherzog Albrecht, ein enger Vertrauter des Kaisers, anlässlich eines Disputs mit dem liberalen Erzherzog Johann Salvator fest, »dieser geschickte Komponist sei ein Lebemann von 4 Frauen (wie man sagt)«.

Gerade weil der kaiserliche Hof den jungen Strauss die längste Zeit unter Generalverdacht hat, muss in den Expansionsjahren des Familienimperiums ein Spagat gefunden werden: zwischen einer mit dem Ehestand verbundenen bürgerlichen Fassade, die vor allzu viel Wühlarbeit und lästigen Fragen nach Details schützt, und einer Außenwirkung, die gut fürs Business ist. In den USA gelingt dieser Drahtseilakt exzellent.

5.

KAPITEL

EIN MUSIKALISCHES ERDBEBEN

Das Coliseum ist eine Klasse für sich. Es ist 168 Meter lang und 107 Meter breit, die Wände sind über zwölf Meter hoch. Ins Holz, verarbeitet sind 1.200 Festmeter, wurden Nägel und Bolzen mit einem Gesamtgewicht von mehr als 20 Tonnen geschlagen. 8.000 Gaslampen sorgen für Beleuchtung. Die Holzdecke ist himmelblau bemalt, die Seitenwände in pompejanischem Rot. Mit der Planung wurde erst im Februar 1872 begonnen, die Errichtung im Eisenbahn-Brachland Back Bay wird insgesamt 250.000 Dollar verschlingen, 30.000 Dollar Schaden durch den Sturm Ende April miteingerechnet. Das ist in der Endabrechnung des Festivals mehr als ein Drittel der Gesamtkosten.

Doch auch wenn »nur« 60.000 Menschen – die Musizierenden inbegriffen – in diese bis dato größte Konzerthalle der Welt passen: Nach den Maßstäben der Zeit ist das noch immer unermesslich viel. Es ist das dreißigfache Fassungsvermögen des Goldenen Saals im 1870 eröffneten Musikverein in Wien, und mehr als das Zehnfache der ein Jahr später eröffneten Royal Albert Hall in London.

Im Inneren des Gebäudes sind ein Pressezentrum für die mehr als 200 akkreditierten Journalisten sowie eine Polizeistation eingerichtet, die auch als Fundbüro dient. 350 Polizisten sind für die Dauer des Festivals zum Dienst im und rund um das Coliseum eingeteilt. Denn draußen herrscht eine Grundstimmung aus Kirtag und Zirkus, die den Leichtsinn befördert. Der Zufahrtsweg ist gesäumt von Pop-up-Shops und -Saloons: Es gibt Puppentheater, Fandango-Tänzer, eine Attraktion namens »Flugmaschine«. Überall wehen Fahnen. Ein Heißluftballonbetreiber namens »Professor Allen« bietet seine Fahrten an, assistiert von einem »erfahrenen Aeronauten«. Geschäftemacher wittern ihre Chance: Ein Opernglas-Händler hat einen Stand aufgebaut.

16 Kanonen stehen bereit, die über einen Telegraphen aus dem Inneren der Halle das Signal zum Abschuss bekommen sollen. Nicht weniger als 500 Kirchenglocken in der Stadt warten auf das – elektrische – Signal zum Simultanläuten. Diese Lärmverstärker werden beim Ambosschor, bei »The Star-Spangled Banner« – damals noch nicht die US-Nationalhymne – und bei »Glory, glory, hallelujah!« eingesetzt.

Das Geschehen ist höchst unübersichtlich: Leute schlüpfen an den Kontrollen vorbei durch die insgesamt zwölf Eingänge, um sich den teuren Eintritt – fünf Dollar je Einzelvorstellung, nach heutiger Kaufkraft und Währung mehr als 100 Euro – zu ersparen. Die Polizei nimmt einen jungen Mann fest, der ein großes Astloch in der Holzfassade als persönlichen Coliseum-Eingang nutzt. Gilmore selbst beziffert die entgangenen Umsätze am ersten Tag mit 50.000 Dollar, somit dürften rund tausend »Illegale« den Weg in die Veranstaltungshalle gefunden haben.

Ein erheblicher Teil der Ticketkontingente ist für Diplomaten und Vertreter der musikalischen Gesellschaften Amerikas reserviert, doch ohne Freiverkauf funktioniert Gilmores Geschäftsmodell nicht. Und die monatelange Trommelei zieht tatsächlich

Kolossale Bühne
Fast 170 Meter lang, fast 110 Meter breit – das nur für einige Monate errichtete Coliseum in Boston ist die zu diesem Zeitpunkt größte Konzerthalle der Welt. Ihr Bau verschlingt rund ein Drittel der Gesamtkosten für das Festival.

Leute aus nah und fern an, etwa den Festivalbesucher William Smith aus dem englischen Kidderminster, von dem wir nur wissen, weil er bei der Ankunft des Zuges in Boston so unglücklich stürzt, dass sein rechter Arm daraufhin von einem Waggonrad überrollt wird – für die Zeitungen ein Chronikereignis.

Im Inneren des Coliseums ist eine Riesentrommel mit einem Durchmesser von dreieinhalb Meter zu erspähen, die als Dekor stehen gelassen wurde, nachdem sich herausgestellt hat, dass sie wegen der zeitversetzten Schwingungen nicht geschlagen werden kann, ohne das Orchester aus der rhythmischen Bahn zu werfen. Der Transport der Monstertrommel, von vier Pferden auf einem Wagen gezogen, wurde als Event für sich inszeniert. Auffällig ist auch ein über 20 Meter breites Gemälde an der Wand, das die neun Musen darstellen soll.

In dieses Ungetüm von Konzerthalle kommt Strauss am Montag, dem 17. Juni 1872, zum ersten Mal. Es ist der Bunker

Akustik-Spektakel
Wer es schafft, ins Innere des Ungetüms vorzudringen, hat Glück, wenn es ein Platz nahe der Bühne ist. Klaviertöne werden gnadenlos verschluckt. Das Riesenorchester mit dem Chor zu synchronisieren, ist ein Kunststück.

Hill Day – ein Gedenktag an eine Schlacht im Amerikanischen Unabhängigkeitskrieg 1775 während der Belagerung von Boston, somit ein Feiertag. Der Tagesablauf des Walzerkönigs folgt bis zum 4. Juli nun einem gleichförmigen Muster: Proben um zehn Uhr vormittags, dann um drei Uhr nachmittags ein Konzert.

Bei seinen offiziellen Auftritten am Nachmittag dirigiert er meist nur einen seiner Walzer und vielleicht ein, zwei weitere Stücke als Zugaben. 30.000 Festivalgäste werden am Eröffnungstag gezählt. Besonders an den Tagen, an denen die beiden Präsidentschaftskandidaten Ulysses S. Grant von den Republikanern und Horace Greeley von den Liberalen Republikanern anwesend sind, ist das Coliseum gut gefüllt. Manchmal sind aber auch nur einige wenige tausend Zuhörer und Zuhörerinnen da. Da sich ein finanzielles Fiasko abzeichnet, werden die Ticketpreise im Verlauf der drei Wochen reduziert, erst auf drei Dollar, dann auf nur noch einen.

Der *Donauwalzer* wird nach Wien, Paris und London auch in Amerika rasch ein Schlager. Die »New York Times« schreibt über den Eröffnungstag, dass dieses Stück »der größte Erfolg der ganzen Veranstaltung gewesen« sei. Kritischer Nachsatz, ohne das Ziegfeld-Vorspiel zu kennen: »Hätte man Strauss eine Woche früher für Proben engagiert, würden die Instrumentalisten heute unter seinem Taktstock sein Werk so gut wie die Wiener Musiker gespielt haben.«

Zum *Donauwalzer,* der in der Orchesterversion und damit ohne die fast 18.000 Chorsänger aufgeführt wird, kommen im Strauss-Repertoire wahlweise die Walzer *Wein, Weib und Gesang, Künstlerleben, Morgenblätter* op. 279, *Neu-Wien* oder der aus Motiven der Operette *Indigo* arrangierte Walzer *1001 Nacht* op. 346. Dann und wann mischt Strauss kürzere Polkas als Zugabe bei, besonderen Anklang finden die *Pizzicato-Polka* – dass sein Bruder Josef sie mitkomponiert hat, fällt unter den Tisch – und die *Kreuzfidel-Polka* op. 301.

Es ist also keine quantitative Schwerstarbeit, die zu verrichten ist, und doch ist es ein Kunststück, mit den Massen auf der Bühne und mit den Zuhörenden auf den Holzbänken und in den Stehbereichen Kontakt aufzunehmen, akustische Schneisen durch den allumfassenden Lärm zu schlagen, um der einen oder anderen musikalischen Idee den Weg zu bahnen. Denn Lärm ist einer der Haupteindrücke, von dem das Publikum und die Kritik später berichten werden. Weder die geistlichen Eröffnungsworte von Reverend Phillips Brooks von der Bostoner Trinity Church noch jene des Bostoner Bürgermeisters William Gaston werden außerhalb eines engeren Zirkels rund um die Hauptbühne verstanden; auch die Idee eines Klavier-Solostücks durch Franz Bendel erweist sich daher als »Fiasko«, wie das »Providence Journal« lakonisch festhält.

Schon am 21. Juni, vier Tage nach Start des Festivals, wird im »Daily Dispatch« aus Virginia eine ganze Reihe von Spottnamen für das Boston *Jubilee* aufgelistet, darunter »Boston Noise«,

»Boston Hurricane«, »The Nemesis of Noise«, »Niagara of Voice and Mississippi of Instrumentation« usw. Zurück nach Europa schwappt vor allem der Beiname »Musical Earthquake«. In Deutschland schreiben die Zeitungen immer häufiger und auch noch Monate später: »Musikalisches Erdbeben.«

In dieser eigentümlichen Kulisse – mit den vielen Stehern und Querbalken aus Holz gleicht das Coliseum mehr einer riesigen Scheune als einem Konzertsaal – ist optische Signalsetzung umso wichtiger. Schon bei seinen ersten Auftritten macht Strauss Eindruck, seine wie elektrisch aufgeladenen Gesten, seine Ausstrahlung, seine Anziehungskraft sind den zahllosen Berichterstattern aufgeregte Worte wert. Er wird mit dem französischen Dirigenten und Komponisten Louis Antoine Jullien verglichen, der Mitte des Jahrhunderts dem amerikanischen Publikum erstmals eine Idee davon vermittelte, wie man ernste Musik mit Showmanship verknüpfen kann. »Seit Jullien haben wir keine so unwiderstehliche Art zu dirigieren gesehen«, schreibt die »Boston Post«. Strauss braucht für die amerikanische Bühne nichts eigens zu erfinden: Sein Dirigierstil ist mit identen Worten von den russischen Berichterstattern in Pawlowsk gerühmt worden. Er erzielt offenkundig universal die gewünschten Effekte.

Von einem Dirigat kann bei dieser Menge an Musikern kaum die Rede sein. Nur in den Nachbetrachtungen des Festivals blitzt dann und wann durch, wie chaotisch die Performances teilweise sind. Als Impresario Gilmore am dritten Tag den Chor selbst dirigiert, fällt ihm dieser völlig auseinander, und zwar ausgerechnet zu Georg Friedrich Händels Textzeile »Wie Schafe gingen wir alle in die Irre« aus dem »Messias«. Das Publikum johlt. Mit Kanonenschüssen muss Gilmore die Ordnung wiederherstellen.

Die Publikation »Jubilee Days«, die mit Karikaturen und mehr oder weniger süffisanten Notizen die Megaveranstaltung täglich begleitet, deutet an, dass auch die Walzer nicht immer rundlaufen – die Kommunikation zwischen Orchesterleiter und Musikern ist schlicht ein Ding der Unmöglichkeit, es gibt auch in der Musik interkulturelle Barrieren. Der Maestro spreche eine andere Dirigiersprache als die Ausführenden verstehen. »Strauss dirigiert auf Deutsch, was für all jene im Orchester verstörend ist, die nur auf Englisch spielen können.«

Sein eigenwilliger Stil, vom Podium aus mit den Musikern und dem Publikum in Kontakt zu treten, zeigt jedoch trotz aller Verständnisbarrieren Wirkung – jedenfalls in der Erinnerung. Der beim Friedensfest anwesende Musikschriftsteller George P. Upton schreibt in seinen 1908 erschienenen »Musical Memories«, dass Strauss seine Individualität jedem Mitwirkenden wie einen Stempel aufdrückte: »Die Wirkung auf das Publikum war wunderbar. Quer durch das große Gebäude wogten tausende Köpfe – schwarzhaarig, blond und grau – im Rhythmus hin und her. Kinder waren am Tanzen. Die Köpfe der Sänger wogten im Takt. Die Musiker fügten sich in die Faszination ein und gaben den Takt mit ihren Körpern wieder. Und hoch oben über ihnen allen stand das herausragende Genie – die Verkörperung des Walzerrhythmus.« Die Strauss-Begeisterung nimmt bald die Dimensionen des Coliseums an. Schon bei seinem ersten Auftritt werden Zigtausende Taschentücher geschwenkt, es sieht aus »wie Schneeflocken«, heißt es in einem der Berichte.

Nicht alle Kommentare sind jedoch enthusiastisch. Das Anti-Strauss-Lager ist zwar klein, aber verschafft sich über die gesamte Dauer des Festivals Gehör. Eine Wiener Korrespondentin der Zeitung »Albany Argus« bereitet das Publikum noch vor der Eröffnung am 17. Juni 1872 auf den Dirigenten aus Wien wie folgt vor: »Stellen Sie sich einen perfekten Dandy vor, der jüdisch aussieht und – wenn er seine 200 Musiker dirigiert – so leidenschaftlich wird und so beeindruckt von der Bedeutung des Klanges, dass er, vollkommen wie ein Schauspieler, darstellt, was er spielt. (...) Die Wiener sind über diese Art, ein Orchester zu leiten, begeistert. Ich finde es unwürdig.«

Äußerlichkeiten werden ebenso abqualifiziert wie Strauss' kolportiertes großtuerisches Geschäftsgebaren. Der »Litchfield Enquirer«, eine in Connecticut erscheinende Wochenzeitung, trägt am Ende des Festivals einige Anti-*Jubilee*-Stimmen aus New York zusammen. Wenn er spreche, »klingt es so wie eine schnarrende kleine Trommel«, charakterisiert ihn ein Berichterstatter. Strauss' Auffassungen von Amerika seien abgehoben: »Er glaubt, unser Land bestehe aus enorm reichen und extravaganten Menschen, die ausländischen Künstlern Unsummen vor die Füße werfen, ohne Fragen zu stellen.« Für die New Yorker Konzerte, weiß das Blatt, habe er 2.000 Dollar pro Auftritt verlangen wollen, und als sein Manager ihm zu mehr Zurückhaltung geraten habe, soll Strauss gesagt haben: »Es gibt genügend Gentlemen in dieser Stadt, die diese Summe mit Freude aus ihrer Tasche zahlen würden.« Das Fazit des Mini-Charakterbildes im »Litchfield Enquirer« fällt schon im ersten Satz der Beschreibung: »Der Maestro ist ein kleiner nervöser Jude.«

Er verdreht amerikanischen Mädchen und Frauen die Köpfe, er verlangt aberwitzig hohe Honorare, er dirigiert exaltiert – in der Strauss-kritischen Berichterstattung verschwimmen die Grenzen zwischen Neid, Ressentiment, Animosität und offenem Antisemitismus.

Dass Strauss' Urgroßvater Johann Michael Strauss in Ofen, dem heute zu Budapest gehörenden Stadtteil, als Mitglied einer jüdischen Gemeinde geboren wurde, wird von Biografen erst Ende der 1930er-Jahre überhaupt zum Thema gemacht. Die Nationalsozialisten werden viel Aufwand in die Fälschung des Taufbuchs der Strauss-Ahnen stecken: Der Walzerkönig ist zur Erbauung des deutschen Volks unverzichtbar und muss deshalb von jüdischen Vorfahren gesäubert werden. Die Angelegenheit wird diskret im NS-Reichssippenamt in Berlin erledigt.

Doch waren sich der Vater und die Söhne Strauss zeit ihres Lebens der jüdischen Wurzeln überhaupt bewusst? Das vom

Großvater betriebene Wirtshaus in der Floßgasse in Wien-Leopoldstadt, nahe am Donauarm, trägt den recht katholischen Namen »Zum Heiligen Florian«, hat aber Anfang des 19. Jahrhunderts den Beinamen »Judenwirtshaus«. Die Bezeichnung bezieht sich nicht auf die Gäste: vielfach Schiffer und Fuhrleute, die ihre Fracht von Ulm oder Linz donauabwärts bringen, und oft auch Musikanten; Violine, Geige, Klarinette und Baßgeige ist eine typische Besetzung.

In der Wirtsstube der Bierschenke dürfte der erste Walzerkönig, Johann Strauss Vater, als Kind mit den ersten Stücken im Dreivierteltakt in Kontakt gekommen sein, den Heimatmelodien der Donauschiffer: Landler. Diese ursprünglich bäuerlichen Tänze und Weisen fanden ihren Weg in die bürgerlichen Tanzlokale und zu den Bällen der internationalen Aristokratie und wurden dabei musikalisch veredelt und zum »Schlager« – eine Entwicklung, die untrennbar mit dem Namen der Strauss-Dynastie verbunden ist. Jüdische Musik ist im »Judenwirtshaus« hingegen vermutlich selten zu hören.

Religion spielt bei den römisch-katholisch getauften Sträussen praktisch keine Rolle. Wenn, dann ist es ihr Aussehen, das als jüdisch gelesen wird – lange vor den amerikanischen Berichterstattern. Philipp Fahrbach der Ältere, der 1832 als 17-jähriger Flötist zur Kapelle von Johann Strauss Vater stößt und später mit einem eigenen Orchester zum Konkurrenten wird, schreibt in seinen erst 1935 – 50 Jahre nach seinem Tod – erschienenen Memoiren, dass die Musiker seiner Kapelle den ersten Walzerkönig neckisch als »Jude mit der Riesengeige« bezeichnet hätten. Seine Gesichtszüge und sein »gekraustes Haupthaar« hätten in diese Richtung gedeutet. Der so Angesprochene hat jedoch laut Fahrbach stets zurückgewiesen, jüdische Wurzeln zu haben.

Wer im Strauss-Jahrhundert in Wien-Leopoldstadt aufwächst, wo sich das Hirschenhaus befindet, ist jedoch unweigerlich in jüdisches Leben eingebettet. Der Humor, die Händler, die Zeichen des Religiösen – sie sind rund um das Strauss-Familienquartier in der Taborstraße allgegenwärtig. Der Leopoldstädter Tempel, die zweitgrößte Synagoge Wiens, befindet sich nur zehn Gehminuten vom Hirschenhaus entfernt. Geschäfte und Herbergen, auch das »Hotel National« gleich vis-à-vis des Familien-Hauptquartiers, in dem Josef seine Nächte gerne beim Kartenspielen und Philosophieren mit Künstlerfreunden verbringt, sind vielfach in jüdischem Besitz. Einige Biografen mutmaßen, dass Jiddisch auch in der Alltagskommunikation der Strauss-Familie eine Rolle gespielt haben könnte.

Im Hirschenhaus wohnt auch Albert Strauss, ein nicht mit der Familie verwandter Banker, der den Mitgliedern der aufstrebenden Musikerdynastie immer wieder Geld leiht und ihnen auch sonst in Sachen Vermögensverwaltung behilflich ist. Seine verwitwete Schwiegertochter ist Adele Strauss, geborene Deutsch. Sie wird Johann Strauss' dritte Frau nach Jetty und Lili. Um sie heiraten zu können – solange Lili lebt, ist keine Scheidung möglich –, wird Johann in einem aufwendigen Manöver nicht nur Bürger des deutschen Herzogtums Sachsen-Coburg und Gotha, sondern auch Protestant.

Es gibt keine Hinweise darauf, dass er sich jemals auf die Suche nach seinen religiösen Wurzeln begeben hätte. Harmonie zwischen den Konfessionen scheint ihm wichtig gewesen zu sein, wie aus einem Schreiben an Josef Simon, der Adeles Schwester geheiratet hat, Ende 1887 hervorgeht: »(...) Ich weiß schon gar nicht mehr welcher Religion ich angehöre – obzwar ich im Herzen mehr Jud als Protestant (...) bin (...) während Adele Beides zu schön zu vereinigen versteht.«

Explizit Verherrlichendes oder Abwertendes ist nicht überliefert. Es ist interessanterweise seine erste Frau Jetty, vor der Ehe mit Strauss fast zwei Jahrzehnte lang die Geliebte des jüdischen Bankiers Moritz Todesco, die in einigen brieflichen Anmerkungen antisemitische Töne anstimmt. So schreibt sie 1867 über Gustav Lewy, einen Jugendfreund ihres Mannes, der ihm auch im Alter als Veranstaltungs- und Konzertmanager beratend zur Seite steht: »So eifrig und fleißig er für das Geschäft ist, (ist er) doch kein Gesellschafter für mich, der mir passen würde, es sieht aus allen Winkeln das Jüdlach heraus.« In einem anderen Brief klagt sie, als sie wieder einmal zu viel an die falsche Künstlerin zahlen muss: »Um das Geld thut mir in der Seele leid, es dieser kecken arroganten Jüdinn geben zu müssen. (...).«

Im künstlerischen Alltag des Operettenkomponisten Johann Strauss sind jüdische Kreative nicht wegzudenken, allen voran Librettisten wie Ignaz Schnitzer (*Der Zigeunerbaron*), Hugo Wittmann (*Fürstin Ninetta*) und Victor Léon (*Simplicius, Wiener Blut*). Theodor Herzl ist, bevor er 1895 den »Judenstaat« schreibt, Strauss mit Sicherheit als Texter von Bühnenstücken an den Wiener Theatern bekannt.

Als der Antisemitismus ab den 1880ern in Wien mehr und mehr politisch instrumentalisiert wird, zeigt der Musiker, ein in politischen Fragen weitgehend indifferenter Mensch, Flagge: Er tritt dem Verein zur Abwehr des Antisemitismus bei, ins Leben gerufen von Graf Rudolf Hoyos, Baron Arthur Gundaccar von Suttner sowie Bertha von Suttner, Autorin des 1889 erschienenen Werks »Die Waffen nieder!«.

Über spezifische Strauss-Aktivitäten im Rahmen dieses Vereins ist nichts bekannt, er gibt wohl seinen prominenten Namen für eine Sache her, die ihm unterstützenswert scheint, nicht zuletzt seiner Frau wegen. Es ist eine besondere Ironie der Geschichte, dass an seinem Grab der Wiener Bürgermeister Karl Lueger, der den Antisemitismus ebenso selektiv wie mühelos mit dem Christlich-Sozialen verbindet, die Trauerrede halten wird.

»Strauss wäre heute Antisemit«, proklamiert das NS-Hetzblatt »Der Stürmer« 1939 – ein posthumer Hohn gegenüber jemandem, der in Multikulturalität stets schwamm wie ein Fisch im Donauwasser und alles andere als ein ideologischer Eiferer war.

Bis auf vereinzelte Kommentare ist Antisemitismus im Boston am Beginn der 1870er noch kaum zu spüren. Musik von jüdischen Komponisten sind selbstverständlicher Teil des Festivals im Coliseum. Am Eröffnungstag stehen Musik aus dem »Propheten« von Giacomo Meyerbeer und Felix Mendelssohn-Bartholdys Lied »Abschied vom Walde« auf dem Programm.

Viel toxischer – und prägender für die Publikumsstimmung – beim Weltfriedensjubiläum ist der Nationalismus, die dominante Ideologie der Zeit. Während die USA nach der Sklavenbefreiung und durch die riesigen Immigrationswellen in jenen Jahrzehnten eine ethnisch stärker durchmischte Gesellschaft werden, formieren sich in Europa die Nationalstaaten, teils in blutigen Kriegen. Die Militärkapellen gewinnen an Popularität, wie schon die Wettbewerbe bei der Pariser Weltausstellung gezeigt haben. Jeder schreit für seinen Hero: Das amerikanische Publikum mit französischen Wurzeln favorisiert natürlich die französische Militärkapelle der Garde républicaine, Deutschstämmige die Kaiser Franz Garde-Grenadier-Regimentskapelle Nr. 2 aus Berlin, die Nachfahren der englischen Siedler »ihre« Boys, die Grenadier Guards aus London, auf deren Trommel die Namen der Orte berühmter Schlachten prangen: Waterloo, Coruña, Barrosa, Inkerman, Sewastopol. Den Solokünstlerinnen und -künstlern sind Vorschusslorbeeren gewiss, wenn sie aus dem richtigen Land stammen. Dass die Stimmung insbesondere zwischen Franzosen und Deutschen, deren Armeen soeben noch blutige Kriege gegeneinander ausgefochten haben, geladen ist und so gar nicht dem Festivalmotto entspricht, lässt sich anhand Notizen erahnen. Die »New York Tribune« hält nach sechs Tagen des Spektakels fest: Die Briten fraternisieren mit den Deutschen, die Briten fraternisieren mit den Franzosen, nur zwischen Franzosen und Deutschen funkt es noch immer nicht.

Zwar lässt Gilmore medienwirksame Friedensgesten setzen, etwa einen Handshake der Kapellmeister der preußischen, französischen und englischen Militärkapellen, Heinrich Saro, Jean-Georges Paulus und Dan Godfrey, am Rande einer Pressekonferenz. Doch Ressentiments und beständiges Sticheln dürften abseits der offiziellen Pressemitteilungen die Regel gewesen sein. Der Oboist der Saro-Truppe spart in seinem Brief an den »Staatsbürger«, den viele andere deutsche Zeitungen später mit Freude übernehmen, nicht mit Häme: »(…) Die französischen Musiker (…) schauten uns nicht einmal an. Wir hatten anfangs Angst sie würden vor Neid zerplatzen. Ihre körperliche Verfassung scheint aber trotz allem recht solide zu sein. Wir haben sie aus schierem Mitleid gegrüßt (…).« Und er schließt: Das Bier hier ist nicht gut, ich würde gerne die gesamte französische Kapelle gegen ein eisgekühltes Fass Berliner Tivoli-Bier eintauschen!«

Auch die in Baltimore erscheinende deutschsprachige Zeitung »Der Deutsche Correspondent« suhlt sich noch in den Kriegstriumphen von Königgrätz 1866 und Sedan 1870: »Noch vor dem Kriege 1866 in ›Germany‹ wurden die damned Dutchmen von der irisch-englischen Bevölkerung hier verspottet und verhöhnt – jetzt, nach dem glorreichen Kampfe mit La France, schließen diese Stämme ihre Werkstätten und kaufen 5-Dollar-Tickets, um die deutschen Musiker zu hören, die ihrem tapferen Grenadierregimente tapfer im Kampfgefilde voranschritten (…) So ändern sich die Zeiten, die Franzosen durch ihr rüdes Benehmen verhaßt, und die Deutschen beliebt und gesucht, aber auch gefürchtet.«

Wer wenig »eigenes« Publikum hat und ungeübt im Nationalismus ist, droht in diesem Wettkampf der Eitelkeiten unterzugehen. Und doch bleiben in heutigen Darstellungen amerikanischer Historiker neben Strauss die Fisk Jubilee Singers aus Nashville, Tennessee, die Hyers Sisters und der 150-köpfige Chor von Afroamerikanern besonders in Erinnerung. Sie werden Vorbild für Zigtausende Gospelchöre im Land und erhalten nach dem Auftritt in Boston von Präsident Grant sogar eine Einladung ins Weiße Haus, Zeichen einer neuen Zeit.

Im Trara der Ankündigungen vor dem Weltfriedensfest kommen sie jedoch praktisch nicht vor, den Zeitungen sind sie in den Tagen des Festivals höchstens Randnotizen wert. Die alte Welt ist zwar abgeschafft, aber noch nicht verschwunden: Unter den feilgebotenen Attraktionen vor dem Coliseum ist auch eine »Negro Minstrel Show«, in der üblicherweise schwarze Menschen von Weißen mit schwarz geschminktem Gesicht dargestellt werden: meist stereotyp als fröhliche, unablässig singende, treue Diener ihrer – natürlich weißen – Herren.

Das Publikum und die Reporter sind mit Ausnahme einiger Diplomaten weiß, und die Unsicherheit, wie man mit ehemaligen Sklaven als potenzielle Bühnenstars umgehen soll, ist ebenso groß wie die Unbeholfenheit. »Der Chor mit den Farbigen und den Hyers Sisters hatte wenig Grund, sich über die Rezeption zu beschweren (...)«, schreibt das »Boston Evening Transcript« bemüht über die durchwegs enthusiastische Aufnahme »dieser bis vor kurzem verachteten Rasse«.

Für den »Deutschen Correspondenten« ist der Auftritt der »Abtheilung von 150 farbigen Sängern« am sechsten Tag des Festivals »gewissermaßen das Curiosum des Tages«. Und weiter: »Die Neger sangen nach der Melodie des John-Brown-Liedes den Chor ›Mine eyes have seen the Glory of the Coming of the Lord‹, was die Zuhörer in halbwahnsinnige Begeisterung versetzte.«

Berichte über ein Backstage- oder gar Onstage-Zusammentreffen mit der weißen Musikprominenz aus Europa gibt es nicht. Wir können aber davon ausgehen, dass Strauss die vom amerikanischen Publikum begeistert aufgenommenen Auftritte der Fisk Jubilee Singers neugierig beobachtet hätte. Reserviert gegenüber der neuen Musik aus der Neuen Welt war eher sein Bruder Eduard, der sich in seinen Memoiren noch Jahrzehnte später über »Negertänze« und »Negerchöre« wundert, die ab Mitte des 19. Jahrhunderts von Amerika kommend erst in den Hafenstädten Europas, später auch in Wien Fuß fassten und die er abwertend als »Tingel-Tangel« bezeichnet.

Weltkarriere

Die in Wien geborene Opernsängerin Minna Peschka-Leutner ist ab 1868 an der Leipziger Oper engagiert. Zum Zeitpunkt der Amerikanischen Reise wird sie bereits als »Nachtigall von Leipzig« gefeiert. Aufnahme um 1865.

Ironie am Rande: Johann Strauss Vater wird von Zeitgenossen wegen seiner dunklen Gesichtsfarbe immer wieder »afrikanisch« und sogar »Mohrenschädl« genannt.

Die Local Heroes sind jedoch unbestrittenermaßen die Feuerwehrleute. Die 100 Mitglieder des Boston Fire Department mit ihren roten Hemden und weißen Hosenträgern schlagen ihre Hämmer zu Verdis »Il Trovatore« so synchron wie möglich auf 100 Ambosse. Diese Ambosse, 45 bis 135 Kilo schwer, wurden extra aus dem englischen Birmingham importiert.

Ansonsten ist das Publikum aber verrückt nach den Stars – egal welcher Herkunft –, um die sich bald Legenden ranken. Mythen und Übertreibungen sind zu unterscheiden von dem, was faktisch gesichert ist.

Die von Strauss selbst in Boston, aber auch später im Familien- und Freundeskreis gern erzählte Story vom kahl geschorenen Neufundländer-Hund gehört wohl zu seinen gelungensten PR-Gags, der sich bald verselbstständigt und noch heute von Wiener Touristenguides erzählt wird. Musikkritiker Upton schreibt in seinen mehr als ein Vierteljahrhundert nach dem *Jubilee* verschriftlichten »Musical Memories« verwirrenderweise davon, dass Frau Strauss in Boston »ihren schwarzen Pudel« geschoren hätte, um die Fans mit Fake-Locken des Maestros zu bedienen. In den »Erinnerungen« der Strauss-Nichte Carolina, veröffentlicht 1913, ist es wiederum der Diener Stephan, der sich mit dem Verkauf der Locken ein hübsches Zusatzeinkommen verdient haben soll. Doch bisher ist keine einzige Strauss-Locke in den Familienarchiven oder Medaillons von Boston und Umgebung gefunden worden. Begehrt müssen sie dennoch gewesen sein, ein ironischer Kommentar aus dem Coliseum in der »Portland Daily Press« von Ende Juni spricht davon, »wie 15.000 Ladys, bewaffnet mit Scheren, gleichzeitig aus allen Richtungen des Gebäudes nach vorne stürmen, in der festen Absicht, eine Locke des göttlichen Strauss zu ergattern«.

Der Überraschungsstar des Festivals ist jedoch nicht Strauss, mit dessen Wirkung gerechnet werden durfte, sondern Peschka-Leutner, jene Sopranistin, mit der er gemeinsam auf der »Rhein« reiste. In Boston schafft sie es ganz offenkundig, die scheunenartige Riesenhalle mit ihren Koloraturen akustisch auszufüllen. »Jede Note, die sie sang, drang bis in den letzten Winkel des Auditoriums«, heißt es in einem der zahllosen enthusiastischen Nachberichte.

In den kurz vor Strauss' Tod 1899 erschienenen »Recollections of an Old Musician« des Klarinettisten Thomas Ryan, in denen auch ein Rückblick auf das *Jubilee* stattfindet, ist als Fazit festgehalten: »Mr. Gilmore hat rare Löwen und Löwinnen aus der musikalischen Menagerie eingefangen, zuvorderst den königlichen Löwen Johann Strauss – den berühmten Walzerkomponisten aus Wien – und Madame Peschka-Leutner, eine Koloratursängerin mit außerordentlichen Fähigkeiten. Diese Lady nahm ihr Publikum mit ihrer klaren, aussagestarken, hohen und kräftigen Sopranstimme gefangen, mit ihrer makellosen Ausführung, ihrem Stil und anderen stimmlichen Begabungen. Sie war ein genuiner Erfolg.«

Ob die »Königin der Nacht« aus Mozarts »Zauberflöte«, ob Werke ihres Lehrers Heinrich Proch oder von Luigi Venzano, ob Verdi-Arien – das Publikum liegt ihr verlässlich zu Füßen. Je länger der Erfolg dauert, umso begieriger stürzen sich die Zeitungen auf die Vita der Primadonna und beziehen sich auch auf ihre Wiener Herkunft. Da sie an der Leipziger Oper stationiert ist, gilt sie jedoch auch den mit allem Deutschen sympathisierenden Stimmungsverstärkern in Boston als eine von ihnen – was ihr PR-mäßig nutzt. Sogar die Gilmore-kritischen Medien, die sich vielfach am penetranten Superlativ-Marketing stoßen, loben sie in den Himmel. Ihre Erzrivalin beim Bostoner Fest, die um 17 Jahre ältere Sängerin Hermine Rudersdorff, ist gegen Peschka-Leutner chancenlos.

»Vom ersten Ton an«, wird in einem Bericht festgehalten, »nahm sie das *Jubilee* im Sturm«. Die »Leipziger Nachtigall« betört die Musik- ebenso wie die Modekritiker. Denn natürlich geht es nicht nur um den Ton, sondern auch um den Look. Stolz übersetzen die US-Korrespondenten deutscher Zeitungen für das Publikum zu Hause – im Folgenden der Feuilletonist des »Dresdner Journals« – eine Hymne auf Peschka-Leutners Stil im »Bostoner Daily Evening Traveller«: »Frau Peschka-Leutner war wundervoll gekleidet in dunkelrosa Seide mit vollem Hofschleppkleide und halb ausgeschnitten. Eine breite Spitze fiel von der rechten Schulter auf den Rücken herab und wurde, hier mit vollen Puffen von Seide, die eine Schärpe darstellte, aufgehalten. Der Überwurf war von schwarzen Pointspitzen (...) Um ihren Hals trug sie ein breitkantiges Band, an dem ein Medaillon hing. Auf ihrem Wege durch den Saal war sie von ihrer Gesellschaftsdame begleitet, die ihre Aufmerksamkeit nur der Schleppe widmete.«

In der zeitgenössischen Rezeption und in Bezug auf die Gage ist Peschka-Leutner praktisch gleichauf mit Strauss. Wer liest, wie die männlichen Fans und die meist männlichen Reporter um sie herumflirren und jedes Detail ihres Aussehens, aber auch ihre Honorarforderungen kommentieren, kommt zum Schluss, dass die Wienerin in Boston der weibliche Konterpart zum Walzerkönig aus Wien und seinem Schwarm-Gefolge war.

Eigenwille triumphiert
Strauss dirigiert nicht mit dem Taktstock, sondern mit dem Bogen – sein Stil reißt die Amerikaner zu Begeisterungsstürmen hin. Titel dieser Karikatur in den »Jubilee Days«, einer während des Festivals erscheinenden Publikation: »The Leader.«

6.

KAPITEL

NERVEN, NERVEN, NERVEN

Strauss' profunde Nervosität, mit der schon Florenz Ziegfeld bittere Bekanntschaft machte, trifft auch einen Nerv der Zeit. »Electric Strauss« wird er in den USA genannt, Strauss, der Elektrische und Elektrisierende. Bitter enttäuscht sind nur einige wenige Kritiker, die in nostalgischer Erinnerung an Europas Konzertsäle auf eine Art überdimensioniertes Kunstereignis gehofft haben. Doch das Festival ist mit Masse und ungeheurem Lärm verbunden.

In vielen Beschreibungen wird das Fiebrige und Flackernde greifbar. »Strauss seine eigene Musik dirigieren zu sehen ist den Geist des Walzers leibhaftig vor einem zu sehen«, schreibt ein Festivalbeobachter im »Buchanan County Bulletin« gleich nach Eröffnung des *Jubilee*: »Die Gliedmaßen dieses kleinwüchsigen Mannes biegen sich und wanken wie Schilfhalme (...) Er selbst ist eine Geige, sein ganzer Körper scheint mit Musik aufgeladen zu sein wie mit einer elektrischen Flüssigkeit (...) Einmal ist seine Musik weich, und er verstärkt diesen Ausdruck mit sanften Bewegungen seiner Hand. Dann ist sie laut, und seine Arme, die in nervösen Gesten davonzufliegen scheinen, führen sie, während seine Füße den Takt vorgeben, ohne sich vom Boden zu erheben (...).«

Eigenwilligkeit macht Eindruck: Strauss dirigiert mit dem Violinbogen und nicht mit dem Taktstock wie die anderen Dirigenten in Boston. Bei den Proben gibt er zuweilen den »Luftgeiger«: Er imitiert Geigenspiel, ohne überhaupt ein Instrument in der Hand zu haben. Es ist unklar, wo das Nervenbündel aufhört und wo der Showman beginnt, und genau damit trifft er den Geschmack des Publikums. Er begeistert und polarisiert, er stößt ab und zieht an. Im Bericht über den Eröffnungstag bezeichnet ihn die Zeitung »Worcester Spy« in der Ausgabe vom 18. Juni 1872 schlicht als »famous and nervous Austrian artist«. Ruhm und Überreiztheit, das geht in dem Bild, das die amerikanische Presse von ihm zeichnet, Hand in Hand. Der »Daily Advertiser« beschreibt ihn wie folgt: »Eine gewölbte Stirn, nervöse schwarze Augen voller Feuer, Humor und Ernsthaftigkeit, ganz wie es der Situation angemessen ist; stattliche Seitenkoteletten, ein kräftiger Schnurrbart und dicke, schwarze Haare, in denen eben die ersten silbernen Fäden aufzutauchen beginnen.«

Sein Gesundheitszustand und seine Strapazierbarkeit sind allerdings ebenfalls bald Thema.

Es gibt wenige Erzählungen, die sich so beständig durch die Strauss-Geschichte ziehen wie jene über strapazierte Nerven und Überreiztheiten, Ängste und Obsessionen. »Es bleibt bemerkenswert und psychotypisch, was an Phobien, Neurosen und Auffälligkeiten nachgewiesen worden ist«, schreibt der Strauss-Forscher Norbert Linke.

Der Mann, der so viele Menschen mit seiner Musik bewegte, mied es, wie erwähnt, panisch, bewegt zu werden, ob mit Zug, Schiff oder anderen Verkehrsmitteln. »Selbst dem eigenen Pferdegespann traute er nur mit Bedacht«, erinnerte sich sein Freund Ignaz Schnitzer in den 1920ern: »In ein Automobil wäre er gewiss schon gar nicht hineinzubringen gewesen.«

Dazu passt sein Unwille zu tanzen, der weniger mit Unvermögen als mit Angst vor Kontrollverlust – erneut: bewegt zu werden – zu tun haben könnte. Offiziell gab er mangelnde Freude und Erschöpftheit als Grund an. Seiner dritten Frau Adele, die dazu viele Jahre nach Strauss' Tod befragt wurde, soll gesagt haben, ihr Mann habe sich stets gedrückt, »wenn eine holde Jungfrau ihn zum Tanzen animieren wollte, denn es habe ihm niemals Spaß gemacht und er sei auch durch das Dirigieren so ermüdet gewesen, dass er, auch wenn er ein Tänzer gewesen wäre, keine Lust gehabt hätte, noch herumzuhüpfen«. So schreibt es der Schriftsteller und Journalist Siegfried Löwy in seinem Strauss-Buch, das 1924 erschienen ist.

Neben den Reiseängsten gibt es ein ganzes Pandämonium weiterer Ängste: vor Steigungen, vor Gewittern, vor Krankheiten aller Art. Dass er 1878 nur sechs Wochen nach dem Tod von Jetty schon wieder heiratet, lässt auf ausgeprägte Angst vor dem Alleinsein, die sich in den letzten Lebensjahrzehnten einstellt, schließen. Die Hietzinger Villa, in der seine erste Frau gestorben ist, wird er fortan nicht mehr betreten.

»Nachgewiesen«, wie Linke mit Blick auf die vielen Störungen formuliert, ist jedoch wenig. Ein neuropsychiatrischer Gesamtbefund steht aus, die Diagnosen der Zeit sind unscharf. Es gibt keine Krankheits- oder Behandlungsakten, aus denen man Schlüsse ziehen könnte. Physische Strapazen sind ein Teil der Erklärung, die Zusammenbrüche häufen sich in der Faschingszeit. Strauss wäre mit Sicherheit aber auch ein interessanter Kandidat für Sigmund Freuds berühmte Couch in der Berggasse gewesen. Doch der spätere Begründer der Psychoanalyse war zum Zeitpunkt der Amerikanischen Reise des Walzerkönigs gerade einmal 16 Jahre alt; Freuds »Traumdeutung« erschien 1899, im Todesjahr des stets nachtaktiven Komponisten.

Es ist ein merkwürdiger Kontrast: Hier die ständige Aufgekratztheit und Ängstlichkeit der Person, dort das oft Picksüße, Harmonische und bezaubernd Dahinfließende von Strauss' Musik. Es spricht viel dafür, dass die beiden Seiten zusammengehören. Das eine ist die Quelle des anderen. Die innere Unruhe, seine »elektrische Flüssigkeit«, mündet in ein unerschöpfliches Meer der Melodien. Beim Dirigieren bringt er seine Panik, die stets unter der Oberfläche lauert, in eine spannungsgeladene, funktionale Form. Aus seinem musikalischen Scherz *Perpetuum mobile* op. 257 kann man den Wunsch deuten, nie ruhig zu stehen, um sich nicht den inneren Dämonen stellen zu müssen – das Stück entstand in der Zeit »ohne Frau«, nach der Affäre mit Olga und vor der Hochzeit mit Jetty.

Die Getriebenheit ist ein Lebensthema. Warum nur hat Strauss einem seiner frühen Werke, op. 19, den Titel *Dämonen-Quadrille* gegeben? Anlässlich einer Begegnung im Sommer 1873 am Rande der Wiener Weltausstellung beschreibt ihn ein als O. Keller zeichnender Autor, dem der berühmte Musiker einen gemeinsamen Spaziergang im Prater vorschlägt, so: »Johann Strauss ist wohlthätig wie alle echten Wiener, aber mehr gewohnheitsmäßig, oberflächlich, denn er ist vor allem mit sich selbst beschäftigt. (...) Selbst an jenem schwülen Julinachmittage hüllte er sich, als er das Pult verließ, in ein dickes Plaid. Er war gern bereit, eine Audienz zu geben, aber ich durfte nicht stehen bleiben. Wir trabten in den Anlagen auf und ab, denn der Meister – transpirierte. Er war liebenswürdig (...) aber doch in jener zerstreuten, nervösen, hastigen Weise, die nicht recht auf das Interesse des Anderen einzugehen vermag.« An einer späteren Stelle der Homestory mit dem Titel »Zu Hause bei Johann Strauss«, die 1890 in mehreren deutschen Zeitungen publiziert wurde, heißt es: »Er ist ein sehr reicher Mann geworden, aber auch ein Hypochonder, der an allen möglichen Krankheiten leidet« und eine »panische Furcht vor Erkältungen« habe.

Was davon pathologisch ist und was Spleen – unklar. Im engeren Familien- und Freundeskreis ist seine Disposition eine Art Running Gag. Ob auch sie in Russland umschwärmt werde, wird seine Tourneebegleiterin Jetty in Anspielung an Johanns Verehrerinnen in Pawlowsk gefragt. Ihre Antwort: »Ich und Russen liebeskrank machen! Ich und Eroberungen machen! Ich – ach, das ist ja zu arg! Ich konnte nur bei meinem Manderl noch eine Eroberung machen, weil sein Gehirn leidend ist.«

Er ist nicht der einzige Strauss, der in dieser Hinsicht auffällig ist. Es wäre lohnend, die gesamte Familiengeschichte von Medizinern und Medizinhistorikern lesen zu lassen: Symptome zu sammeln, zu kategorisieren, Begrifflichkeiten zu entwirren, diagnostische Schlüsse daraus zu ziehen. Der Großvater, der Bierwirt Franz Borgias Strauss, ist laut dem Strauss-Forscher Kurt Pahlen ein Mann von »seltsamer Unrast« und »tief sitzender, nie erklärbarer Melancholie«. Er wird 1816 tot aus einem Seitenarm jener Donau gezogen, die der Enkel später mit seinem berühmtesten Walzer besingt – vermutlich Suizid. Den Vater überfällt nach der Rückkehr von seiner ersten Englandtournee 1839 ein »Nervenfieber von furchtbarer Heftigkeit«, wie es in dem 40 Jahre später verfassten Eintrag im »Biographischen Lexikon des Kaiserthums Österreich« heißt. »Nervenfieber« konnte Typhus bedeuten, aber auch fiebrige Nervosität im Sinne extremer Überreiztheit. Die Diagnose wurde häufig gestellt, die Todesanzeigen in den Zeitungen dieser Zeit sind voll damit, wir erinnern uns an Hans Riemschneider, den auf dem Dampfer nach Amerika zu Tode gekommenen jungen Deutschen.

Gestorben ist Johann Strauss Vater mit 45 Jahren nach seiner zweiten Englandreise 1849, eine Kombination aus Scharlach und Erschöpfung wird als Todesursache angegeben. Auch vor diesem biografischen Hintergrund ist es nachvollziehbar, warum der Sohn mit 46 noch schnell sein Testament macht, bevor er das Dampfschiff nach New York besteigt.

Das Vokabular für die Störungen und Krankheiten des nervösen Zeitalters wird in der zweiten Hälfte des 19. Jahrhunderts erst verfeinert. Neurasthenie, eine in späteren Strauss-Biografien verwendete Zuschreibung, taucht in der medizinischen Welt als Begriff ab 1880 auf und gilt zeitweise als Modekrankheit der urbanen Schichten, eine Reaktion auf die als Beschleunigung empfundene Zeit, auf Lärm, auf das viele Neue, das den alten Wahrnehmungsapparat überfordert. Die Amerikanische Reise muss für Johann Strauss Sohn in dieser Hinsicht eine einzige Neurasthenie-Quelle gewesen sein.

Wann seine eigene Krankengeschichte beginnt, ist schwer zeitlich zu markieren. Sein Gesundheitszustand wird bereits ab 1851, eineinhalb Jahre nach dem Tod des Vaters, als angeschlagen dargestellt. Da ist er gerade einmal 26 Jahre alt.

Nach einem Kollaps im Frühjahr dieses Jahres, schreibt der sehr präzise Strauss-Biograf Peter Kemp, habe man davon gesprochen, dass er »gefährlich« an Typhus und Nervenfieber erkrankt sei. Ein Jahr später streckt es ihn erneut nieder. 1853, gerade einmal 28 Jahre alt, gibt es gleich im Anschluss an die Faschingssaison den ersten dokumentierten Nervenzusammenbruch. 1859 wird der Ausfall Johanns bei einem Konzert mit einer »Nervenexaltation« begründet, die nicht näher beschrieben wird.

Die Berichte klingen eher nach dem, was man heute Burnout nennen würde. Bis in die Morgenstunden auf der Bühne, oftmals mit Kutschen auf schlechten Fahrwegen zwischen mehreren Balllokalen in der Stadt unterwegs, in stickigen, mit Kerzenlicht beleuchteten Sälen – die Tanzmusiker der vorelektrischen Zeit betreiben systematischen Raubbau an ihrer Physis ebenso wie an ihrer Psyche. Dazu kommen bei den Strauss-Kapellen kraftraubende Konzertreisen. Vor der Faschingssaison, die dem ersten Kollaps vorangeht, reiste Johann Strauss Sohn nach Prag, Leipzig, Berlin, Hamburg und Dresden.

Nicht nur Vater und Sohn gleichen Namens überstrapazieren ihren Kräftehaushalt permanent. Pepi, der Pflichtbewusste, verausgabt sich gleichfalls regelmäßig bis zur Erschöpfung. Er ist immer zur Stelle, wenn Johann ausfällt. Als phobien- und depressionsgeplagt wird er beschrieben. »Häufige, von Convulsionen begleitete Ohnmachtsanfälle, welche die Ärzte für Nervendepressionen erklärten, die aber schon in seiner Kindheit sporadisch aufgetreten waren« – so beschreibt der jüngere Bruder Eduard die Symptomatik des Bruders. Dazu kommen ständige Kopfschmerzen.

Für sich selbst spricht Eduard, der als der körperlich Robusteste galt, in seinen Erinnerungen von »Nervenirritationen«, die er dann und wann gehabt habe. An anderer Stelle heißt es, er habe einen Posten als Harfenist bei einem deutschen Hoftheater 1861 deshalb nicht bekommen, weil sich im entscheidenden Moment »eine Nervosität bei mir einstellte, welche mich der Sicherheit in der Führung dieses, die Kraft der Hände und Füße gleichmäßig in Anspruch nehmenden Instruments beraubte«.

Die ältere Schwester Anna beschreibt sich wenige Jahre vor ihrem Tod, aber noch zu Lebzeiten ihres berühmten Bruders, als verwirrt und nervenkrank.

Daneben gibt es in Johann Strauss' Gesundheits- und Krankheitsleben auch ein Element der Taktik und des Kalküls. Den kaiserlichen Hof bittet er 1871 förmlich um die Entbindung von den Pflichten als k. k. Hofball-Musikdirektor »wegen Kränklichkeit«; nicht alle wollen ihm das glauben. »Strauss ist nervös und Hypochonder«, polemisiert schon die »Neue Freie Presse« zu seinen Lebzeiten, »er hat alle möglichen und unmöglichen Krankheiten, besonders jene, an denen irgendein Bekannter eben gestorben ist. Eigentlich fehlt ihm gar nichts; aber man ist leidend genug, wenn man an allen Krankheiten leidet, die man nicht hat.«

Dass er mit einem fingierten Nervenzusammenbruch versucht, die Amerikanische Reise abzusagen, durchschaut sogar *Jubilee*-Agent Ziegfeld.

Positiv formuliert: Strauss schont sich, um nicht das Schicksal seines Vaters zu erleiden. Die Trennlinie zwischen Krankheit und Täuschung lässt sich umso weniger ziehen, je älter und berühmter er wird. Im Laufe der Jahrzehnte setzt er Indisponiertheiten als Begründung und Vorwand ein, um mehr Zeit für sich selbst und fürs Komponieren zu gewinnen. Krankheitspausen sind Krafttankstellen fürs Schöpferische. Diese Rücksicht sich selbst gegenüber, die er auch von seinen engsten Getreuen einfordert, ohne diese jedoch zu schonen, wird von ihnen mehr und mehr als Rücksichtslosigkeit empfunden.

Mit dem Herauslösen aus dem Familienverband und der Konzentration auf die Welt der Operette entfällt jedenfalls spätestens nach dem Tod der Mutter und des Bruders die Notwendigkeit, Gebrechen zu fingieren. Kränklich und nervös bleibt Johann Strauss jedoch weiterhin, oft situativ angepasst.

Im entscheidenden Moment aber behält das Nervenbündel in der Regel die Nerven – egal ob auf der »Rhein« oder vor einem Orchester mit fast 900 Musikern wie im Bostoner Coliseum. Davor, danach und dazwischen jammert er gern. Das eingestandene Heimweh, der Schock über die Inszenierungs-Ideen von Gilmore (Kanonen!) – sie werden nicht ausschließlich Theatralik gewesen sein. Dass er am Tag nach dem großen Ball in Boston, an dem er bis in die frühen Morgenstunden ein Orchester von fast 400 Musikern dirigiert, über einen Rheumaanfall klagt und sich deshalb den Tagesverpflichtungen entziehen will, wie ein Bostoner Journal schreibt, ist nachvollziehbar. Dem Publikum seines nachmittäglichen Konzerts wird er vom Sprecher im Coliseum bereits als indisponiert entschuldigt, als er dann doch auftaucht. Strauss dirigiert wegen offenkundiger Schmerzen im rechten Arm diesmal links – und mit Taktstock. Bei einem zweiten Ball beschränkt er seinen Auftritt unter Hinweis auf das »ungewöhnliche Wetter« in Boston und eine entsprechende Unpässlichkeit auf das Allernotwendigste – das Dirigieren des *Donauwalzers*.

Im Land, das später die Reichstenlisten erfinden wird, ist schon im 19. Jahrhundert das Einkommen ein öffentlich zelebrierter Erfolgs-Gradmesser. Patrick S. Gilmore lässt nicht nur die monumentalste Spielstätte der damaligen Zeit errichten und die größten Ansammlungen von Instrumentalisten und Chorleuten auftreten, sondern auch die höchsten Künstlergagen der Zeit auszahlen.

Für die amerikanische Öffentlichkeit ist der Wiener Walzerkönig mit dem elektrisierenden Dirigierstil nicht nur auf der Bühne, sondern fortan auch in den Einkommenstabellen eine bewundernswerte Größe, über die berichtet wird. »Strauss ist 47 Jahre alt und fast eine Million Dollar schwer«, zollt der »New York Herald« ein halbes Jahr nach dem Weltfriedensjubiläum dem Wiener Respekt. Wie die Zeitung auf diese Größenordnung kommt, bleibt im Detail schwer nachvollziehbar.

Exakter ist das Fazit der Londoner Fachpublikation »The Musical World«, die im August 1872 die Gagen der Superstars des *Jubilee* auflistet und zum Schluss kommt: »Herr Strauss war der bestbezahlte aller ausländischen Künstler.«

In frühen Biografien, zurückzuführen vermutlich auf eine Prahlerei von Strauss selbst, ist sein Honorar mit 100.000 Dollar angegeben. Das widerspricht allerdings nicht nur den Dokumenten der Zeit, sondern auch der Einnahmen-Ausgaben-Rechnung des Festivals – es ist erwiesenermaßen eine falsche Zahl. Und dennoch ist ein Fünftel davon, 20.000 Dollar, rekordverdächtig. So viel erhält Strauss für 16 Auftritte, davon zwei Ballabende im Coliseum. Dazu kommen 3.300 Dollar für drei Konzerte in New York und 550 Dollar für seinen in Boston uraufgeführten, dem Festival-Mastermind Patrick S. Gilmore gewidmeten *Jubilee Waltz*, im Strauss-Werkverzeichnis ohne Nummer.

Die in Summe fast 24.000 Dollar, die 570.000 Dollar nach heutiger Kaufkraft entsprechen, übertreffen die 16.000 Dollar, die Minna Peschka-Leutner als Star-Sopranistin für 13 Auftritte bekommt, pro Auftritt knapp, aber doch.

Auch die preußischen Militärmusiker können mit ihren Einnahmen zufrieden sein: 1.500 bis 2.000 Dollar pro Kopf verdienen sie in Boston und mit der daran angeschlossenen Konzerttournee; Kapellmeister Saro deutlich mehr. »Unter solchen Verhältnissen verlohnt es sich natürlich, in Amerika vorübergehend den Dirigentenstab zu schwingen«, hält eine deutsche Zeitung zu den märchenhaften Erträgnissen lakonisch fest.

Ball der Bälle
Eine Tanzveranstaltung mit 25.000 Besucherinnen und Besuchern – der Superlativ regiert auch das gesellschaftliche Highlight des Weltfriedensfestes. Strauss dirigiert bis in die frühen Morgenstunden ein 400-Mann-Orchester.

1.300 Dollar für ein bis zwei Stunden, das entspricht rund 2.600 österreichischen Gulden pro Auftritt – ein Betrag, der heute 30.000 Euro wert wäre. Zum Vergleich: Johanns Bruder Eduard, sein Nachfolger als k. k. Hofball-Musikdirektor, erhält laut einer Notiz des k. k. Hofzahlamts vom Jänner 1872 für zwei Ballabende 520 Gulden ausbezahlt, also 260 Gulden pro abendfüllendem Einsatz. Das ist nur ein Zehntel des Honorars, das der große Bruder in Boston für kürzere, wenn auch in den Dimensionen ungleich bombastischere Auftritte einnimmt.

International werden mit Boston am Musikmarkt neue Standards gesetzt. Strauss streift in drei Wochen USA das Vierfache der Summe ein, die er für einen längeren Aufenthalt in Russland im Sommer 1872 bekommen hätte: 12.000 Gulden. Dieses Engagement hat er zugunsten Amerika abgesagt.

Auch seine Gage in der internationalen Kurstadt Baden-Baden, wo er nach Boston und New York Station macht, wird in der europäischen Medienwelt vielfach kommentiert. Dort wird Anfang der 1870er noch in Francs abgerechnet, 30.000 Francs wird er von der Badeverwaltung für seine Auftritte in sechs Wochen kassieren. Das ist dennoch nur rund ein Viertel der amerikanischen Gage.

Machte er sich etwas aus viel Geld oder gar aus dem Titel, Bestverdiener zu sein? In vielen späteren Charakterbildern wird Johann Strauss als persönlich bescheiden beschrieben, auch wenn er sich stets nach der neuesten Mode kleidete und auf eine großbürgerliche Ausstattung seiner Wohnsitze Wert legte. Er erkannte früh, welche Möglichkeiten im Kapital stecken, und richtete sein Handeln danach aus.

Beide Großeltern waren Wirte in der Vorstadt, das Geld in der Familie dennoch oft knapp, und die Knochenjob-Erfahrung seiner Anfangsjahre, Mutter und Geschwistern eine Existenz zu sichern, mögen prägend gewesen sein.

Auf den Geschmack des großen Geldes kam er in Russland, wo er in insgesamt elf Sommern zu Gast war. Es ist die Erfahrung der Opulenz, des Luxus, der gefühlten Grenzenlosigkeit, die auch die Ausrichtung seines künftigen Lebens stark beeinflusst. »Man lebt nur in Russland«, schreibt er 1857 an seinen Verleger, »hier ist Geld, und wo dasselbe vorhanden ist, ist Leben!« Ein Ausruf, in dem eine befreiende Erkenntnis steckt.

Der Grundstock für sein Anfang 1870 bereits beträchtliches Vermögen entstand in Pawlowsk. In den ersten Saisonen neigt er noch dazu, das Verdiente ohne Rücksicht auf Verluste sofort wieder auszugeben. In einem Brief an seinen russischen Schwarm Olga schreibt er über allzu kleinbürgerliche Lebensentwürfe: »Olga, du kannst ebenso wenig eine richtige Hausfrau werden wie ich ein Rechenmeister.«

Doch nach und nach sorgen seine Aufpasserinnen dafür, dass am Ende stets auch etwas übrig bleibt. Geld verdienen und ausgeben ja, doch ansparen – dazu braucht er Unterstützung. Nur seinen Musikern und Brüdern gegenüber hat er offenkundig nichts zu verschenken, im Familienunternehmen regiert unbarmherzige Betriebswirtschaft. »Ekelhaft geizig schmutzig« nennt ihn Josef an einer Stelle, als er sich freilich wieder einmal über etwas Anderes ärgern muss.

Das strenge Controlling im Hintergrund trägt Früchte. Johann soll laut Darstellung in den frühen Biografien vollkommen überrascht gewesen sein, als er nach seiner Hochzeit im August 1862 von seiner Mutter 60.000 Gulden in Banknoten ausgehändigt bekommt, heute über 800.000 Euro. Josefine Waber, die Tante, hat als Aufpasserin in Russland ab dem Jahr 1860 – da ist die Affäre mit Olga bereits wieder Geschichte – dafür gesorgt, dass stets etwas zur Seite gelegt wird.

In Jettys Händen ist dieses Hochzeitsgeld gut angelegt. Zur Vorstadt-Sparsamkeit der Schwestern Streim, wie Anna Strauss und Josefine Waber mit ihrem Mädchennamen hießen, kommen nun der Blick und das Geschick einer Person, die die Luft der Ringstraßen-Salons inhaliert hat. Die Börse war im Haus Todesco nicht nur als Finanzierungsinstrument für Unternehmungen, sondern auch als potenzielle Geldvermehrungsmaschine Dauerthema. Kaum bekannt, aber dem Titel nach vielsagend ist ein Werk, das Johann Strauss 1861 geschrieben hat, als er eben in die Welt der großbürgerlichen Salons eintaucht: der Walzer *Dividenden* op. 252, gewidmet dem Komitee der Vereinigung österreichischer Industrieller Gesellschaften.

Von Einzelaktien im Strauss-Portfolio ist nichts bekannt, sehr wohl aber von Obligationen, also Anleihen und Schuldverschreibungen. Insgesamt wird auf Sicherheit gesetzt, dazu zählen Zinshäuser. Im Wiener Häuser-Kataster aus dem Jahr 1875, als die amerikanischen Einnahmen schon angelegt sind, ist Johann Strauss als Besitzer von Häusern in der Rudolfsgasse, Bezirk Landstraße, in der Floragasse, Bezirk Wieden, und in der Matzleinsdorfer Straße, Bezirk Margareten, angeführt. Allein in diesen drei Häusern gibt es 49 Wohnungen, die für stabile Mieteinkünfte sorgen.

Als Vermieter agiert das Ehepaar Strauss durch und durch kapitalistisch. Drei Wochen vor Antritt der Reise Richtung Bremerhaven muss es sich sogar öffentlich mit dem Vorwurf der Mietwucherei herumschlagen. Der berühmte Immobilienbesitzer habe seine Mieter in einem Haus in der Wiedner Hauptstraße mit einer »horriblen Zinssteigerung« um 100, in einigen Fällen sogar um 200 Prozent überrascht, vermeldet das »Neue Wiener Abendblatt« am 8. Mai. Es folgt eine Serie von Gegendarstellungen – Strauss lässt über seinen Anwalt ausrichten, er habe Investitionen in Höhe von 20.000 Gulden für das kürzlich erworbene Haus tätigen müssen und auch geplante Renovierungskosten in die Mietberechnungen einfließen lassen – und erneuten Vorwürfen, die sich bis 17. Mai ziehen.

Unüblich ist das Verhalten des multiplen Hauseigentümers Strauss nicht: Die Presse berichtet in diesen Jahren regelmäßig von »Hinausgesteigerten«, die sich durch exorbitant gestiegene Mieten das Wohnen nicht mehr leisten können und in die Vororte ausweichen. Auch bei den Geschäftsmieten lan-

Salonlöwe wider Willen
Auch wenn Gemälde wie »Ein Abend bei Johann Strauss« von Franz von Bayros aus dem Jahr 1894 den Eindruck vermitteln – Johann Strauss mied das Bad in der Menge. Zwischen seinen Verpflichtungen war er froh, sich in sein Hotelzimmer oder die häusliche Privatheit zurückziehen zu können.

gen die Hauseigentümer kräftig zu, jedenfalls in den besten Lagen. Der Restaurateur Sacher, der vier Jahre später sein Hotel gleich hinter der Oper eröffnen wird, muss für sein Geschäft im Palais Todesco, so berichtet das »Illustrirte Wiener Extrablatt« am 14. Mai 1872, künftig statt 12.000 plötzlich 20.000 Gulden Miete pro Monat zahlen, eine Steigerung um 66 Prozent. Kaum je zuvor gab es so viel Bewegung am Immobilienmarkt der Reichshaupt- und Residenzstadt: Über 5.000 Häuser bzw. Hausanteile wechseln allein zwischen 1870 und 1873 die Besitzer. Erst der Börsenkrach im Mai 1873 wird Abkühlung in den überhitzten Realitätenmarkt bringen.

Dass nur die kaufmännisch gewiefte Jetty hinter der behaupteten Abzockerei in der Wiedner Hauptstraße steckt, wäre zu kurz gegriffen. Dem Meister selbst ist an Einkommensmaximierung gelegen. Er kümmert sich wenig um die Details, erntet aber gerne die Früchte.

Wenn wir davon ausgehen können, dass er 1875 rund 50 Wohnungen besaß, in denen er durchschnittlich je 300 Gulden Miete pro Jahr verlangte, so hatte er zu diesem Zeitpunkt schon Bruttoeinkünfte aus Mieteinnahmen in Höhe von 15.000 Gulden pro Jahr, im Jahr 2023 wären das über 200.000 Euro. Das ist genau so viel wie die Schauspielerin und Intendantin Marie Geistinger, die am Theater an der Wien bei den ersten Strauss-Operetten Hauptrollen spielt und von 1869 bis 1875 gemeinsam mit Maximilian Steiner auch die Direktion des Theaters innehat, dort als Jahresgage erhält. Ein Musiker der Kapelle Strauss verdient in dieser Zeit rund 50 Gulden monatlich, ein Fünfundzwanzigstel dessen, was der Maestro aus seinen Mieteinnahmen bezieht.

Es liegt eine persönliche Einkommenssteuervorschreibung von Strauss für das Jahr 1887 vor – sie scheint der Annahme zu widersprechen, dass der erfolgreiche Walzer- und Opernkomponist in diesen Jahren ein Großverdiener war, denn sie weist »nur« ein Gesamteinkommen von 9.274 Gulden auf. Doch es ist unklar, ob die Mieteinnahmen, von denen obendrein die in diesem Zusammenhang angefallenen Kosten abgezogen werden müssen, dabei überhaupt berücksichtigt sind. Und man kann davon ausgehen, dass fachlich unterstützte Steueroptimierung in den besseren Kreisen der Stadt bereits damals Standard ist.

Keine Frage, der Walzerkönig ist schon zu Beginn seiner neuen Lebensphase bestens situiert. Zum Anlageglück kommt fehlendes Pech: Größere Wertpapierverluste in Folge des Börsensturzes nach dem »Schwarzen Freitag« im Mai 1873 sind nicht dokumentiert.

Von exzessivem oder leichtsinnigem Ausgeben wie in den frühen Russland-Jahren kann nun, mit Jetty an seiner Seite, nicht mehr die Rede sein. Ob es das Werk seiner Aufpasserinnen oder späte Einsicht ist – Strauss lässt beizeiten sogar den Pfennigfuchser durchblitzen. Über den Preis fürs Rasieren in New York, 50 Cent, heute rund 14 Euro, echauffiert er sich sogar gegenüber einem Lokalreporter. Zur Erinnerung: Auf einem Konto der Anglo-österreichischen Bank in Wien liegt für den Mann zu diesem Zeitpunkt eines der höchsten Künstlerhonorare seiner Zeit.

Besucherinnen und Besuchern in seiner niederösterreichischen Sommerresidenz Schönau kann er in späteren Jahren exakt vorrechnen, wie viel Kosten ihm ein Gemüse in der Aufzucht bereitet, bevor es auf dem Tisch liegt, um von den Gästen verzehrt zu werden. Zumindest für diese Lebensphase wird Schnitzers Einschätzung stimmen, wonach der Meister »ein Grandseigneur in der Lebensführung«, dennoch »nicht leichtsinnig im Geldausgeben, eher leichtsinnig im Geldeinnehmen« gewesen sei.

Neben den Dividenden und den Spitzengagen, die erneut klug angelegt werden, beginnen die Einnahmen im Gefolge der Amerika-Reise zu sprudeln, indem Johann Strauss Sohn sein Kern-Geschäftsmodell transformiert. Mehr Tantiemen, weniger Einmalerlöse, das ist die Stoßrichtung. Er erkannte rechtzeitig, dass sich die Walzer-Ära ihrem Ende zuneigt und dass Jacques Offenbach mit Werken wie »Orpheus in der Unterwelt« oder »Die schöne Helena« die Unterhaltungswelt, die in Wien bisher

Weichenstellerin

Henriette »Jetty« Strauss-Treffz um 1870, jenem Jahr, in dem mit dem Tod von Strauss' Mutter, Bruder und Tante der große innerfamiliäre Umbruch stattfindet. Die frühere Opernsängerin drängt ihren Mann mit Nachdruck Richtung Operettenbühne.

von den Sträussen dominiert wurde, neu definiert hat. Diese Erkenntnis ist die Grundlage dafür, dass auch das letzte Lebensdrittel des Künstlers – bei allen Misserfolgen im Detail – ein Erfolg ist. Es ist schwer zu unterscheiden, was Jettys, was Johanns und was der Beitrag von Freunden und Beratern zu dieser gold- und geldrichtigen Einsicht ist.

Tanzorchester zu dirigieren überlässt Johann fortan Eduard, der sich dabei mit allerlei Scherereien herumschlagen muss. Denn Orchestermitglieder zusammentrommeln und mit ihnen Musik machen ist nur ein Teil der Übung. Tausende Details managen ist der andere. Mit dem Hornisten Josef Schantl, Mitglied des Hofopernorchesters, streitet Eduard sich 1871 etwa um die Rückzahlung eines Darlehens in Höhe von 100 Gulden, das er diesem gewährte.

Johann dagegen vermeidet nervtötenden Kleinkram. Er minimiert das Risiko von Geschäftsausfällen und Veranstaltungsabsagen, wie es sein Arbeitsleben in den Jahrzehnten davor geprägt hat. Wenn er in personam auftritt, dann gegen ein saftiges Fixum. Geht er auf Konzertreise, dann nicht als Veranstalter, sondern als hoch bezahlter Star. Einem unbekannten Adressaten richtet er in einem von Jetty zu Papier gebrachten Schreiben im April 1872 aus, er wolle »nie ein anderes als ein fixes Engagement eingehen. - Ich kann meine Zeit so vielseitig verwenden, dass ich mich nie zu einem Risico entschließen möchte. (...) Das sind meine Bedingungen, von denen abzugehen ich nicht gewillt bin.«

Bisher hat er vor allem verdient, wenn er seine Walzer an seinen Verleger verkauft hat. Bei seinem alten Verleger Haslinger erhielt er 25 bis 50 Gulden je Tanzkomposition, bei Carl Anton Spina handelte er ab 1862 eine Verzehnfachung auf 250 Gulden heraus, und ab 1873, als nach der internationalen Tournee der Marktwert noch einmal gesteigert wurde, 300 Gulden. Doch das ist bei Jahrhundert-Schlagern wie dem *Donauwalzer* nur ein minimaler Teil dessen, was der Verleger damit verdient. Innerhalb kurzer Zeit soll der Geschäftsmann das Stück eine Million Mal verkauft haben. Der Titel des 1892 uraufgeführten Strauss-Walzers *Seid umschlungen Millionen* op. 443 muss für Spina schon 20 Jahre davor Realität geworden sein.

Warum der Verleger sein Unternehmen 1872 an Friedrich Schreiber, einen Beamten der Ersten Österreichischen Sparcasse, verkauft, ist nicht bekannt, auch nicht der Verkaufspreis. Schreiber lässt jedenfalls gleich einmal die Arbeiter, die mit dem Drucken der Partituren kaum nachkommen, am Megaerfolg teilhaben: Im August erhöht er ihre Löhne um zehn Prozent.

Um selbst besser zu partizipieren, geht Strauss nun einen Schritt weiter. Einmalzahlungen bleiben zwar die Grundsicherung. Der Hauptpfeiler sind aber nun Bühnenwerke, an deren Tantiemen er beteiligt ist und bei denen die Chance besteht, Stücke auszukoppeln und so noch einmal zu verkaufen Je öfter sie gespielt werden und je mehr Publikum sie erreichen, umso besser für ihn – körperlicher Einsatz und Anwesenheit sind nicht mehr für jeden verdienten Gulden Voraussetzung. Er lässt sein Vermögen und seine Werke für sich arbeiten.

Indigo und die 40 Räuber, die erste Operette, ist in dieser Hinsicht wegweisend. Der am 26. Mai 1870 abgeschlossene Vertrag mit dem Theater an der Wien, nachzulesen auch im 2023 eröffneten »House of Strauss« im Wiener Palais Zögernitz in Wien-Döbling, hält fest: »Herr Johann Strauss erhält von jeder Aufführung eines von ihm komponirten, den Abend füllenden Werkes, eine zehnprozentige Tantieme der Brutto-Einnahme, ferner von je zwanzig Aufführung, die 20. 40. 60. Aufführung u.s.w. als halbes Benefice nach Abzug der Tageskosten per 250 Gulden. Dieser Tantiemen Bezug hat auch nach Erlöschung des gegenwärtigen Vertrages fort zu dauern.« In Summe wird er mit *Indigo* 26.000 Gulden Einreichungs- und Verlagstantiemen verdienen.

Nach seiner Rückkehr aus Amerika unterzeichnet er einen zweiten Vertrag mit dem Theater an der Wien: für die Operette *Carneval in Rom*. Selbst bei fehlendem Bühnenerfolg ist die

Grundsicherung stattlich: Das Honorar beträgt 8.000 Gulden, dazu kommen separate Verwertungsrechte für Auskopplungen etwa einzelner Walzer oder Polkas.

In der Mehrfachverwertung von musikalischen Ideen wird Maestro Strauss in den Jahrzehnten bis zu seinem Tod eine besondere Meisterschaft entwickeln. Seinen Namen setzt er über alles, doch ein neues Strauss-Werk muss nicht immer zu 100 Prozent neu sein. Recycling und Neukombination gehören zu seinen ökonomischen und künstlerischen Grundtechniken.

Ein Riesenerfolg sowohl in musikalischer als auch in finanzieller Hinsicht wird jedenfalls die 1874 uraufgeführte *Fledermaus*. Dabei ist Strauss, was nicht die Regel ist, bereit, mit seinem Librettisten zu teilen, der dem Werk erst Flügel verleiht. Für seine Textarbeit wird Richard Genée zwar mit einem einmaligen Betrag von 300 Gulden abgefunden, er wird jedoch für die Mithilfe an der Komposition mit 25 Prozent an den Tantiemen beteiligt.

Mit den Operetteneinnahmen lassen sich auch die Villa in Schönau an der Triesting bei Baden, später eine weitere in Bad Ischl und der Kauf zweier Häuser in der Igelgasse in Wien-Wieden finanzieren, wo erst nach Jettys Tod der Umbau zum Stadtpalais abgeschlossen wird. Die Villa in Hietzing, Strauss' erster Wohnsitz in Eigentum, verkaufte er hingegen nach Jettys Tod 1878.

Die Igelgasse, heute Johann-Strauß-Gasse, wird sein Alterssitz und Salon, wo er Billard und Tarock spielt, Freunde empfängt und ebenso unverdrossen wie unermüdlich auf seinem Harmonium komponiert.

Bei Strauss' Tod wird neben drei Häusern in Wien und der Villa in Bad Ischl ein Vermögen von 835.000 Gulden festgestellt, was nach heutiger Kaufkraft mehr als zehn Millionen Euro entspricht. Er hat es per Testament in die Hände der Gesellschaft der Musikfreunde in Wien gelegt, die sich um die Auszahlungen der Legate an die Schwestern, an die Stieftochter Alice Strauss sowie an die Dienerschaft kümmert.

Das Familienunternehmen Strauss hat somit immerhin eines seiner Mitglieder, Johann den Jüngeren, vermögend gemacht. Josefs Nachkommen geraten nach seinem Tod Jahr für Jahr stärker in finanzielle Bedrängnis. Eduards Söhne verjuxen noch in den 1890ern das Vermögen ihres Familienzweigs. Die Schwestern sterben materiell abgesichert, aber alles andere als wohlsituiert.

In den USA des Jahres 1872 testet Johann Strauss Sohn hingegen erstmals seinen internationalen Marktwert aus. Nach den Beifallsstürmen im Coliseum und der überwiegend wohlwollenden Presse quer durch den Kontinent tänzeln mit Fortdauer des Festivals mehr und mehr Musikmanager um ihn herum und wollen ihn zu weiteren Engagements auf amerikanischem Boden verpflichten. »Am nächsten Tag musste ich vor einer Armee Impresarios die Flucht ergreifen, die mir für eine Tournée durch Amerika ein ganzes Kalifornien versprachen«, ist einer der wenigen Originaltöne von Strauss selbst auf dieser Reise.

Musik ist Business, wer in Boston Schlagzeilen macht, kann auch in New York oder Chicago die Kasse klingeln lassen. So wie Strauss wird auch um weitere Auftritte von Peschka-Leutner und der 48-köpfigen Preußenkapelle unter Saro geworben. Die Honorarforderungen sind inzwischen jedoch astronomisch, 2.000 Dollar pro Auftritt fordern Strauss bzw. seine Frau. Und die eifersüchtigen Bostoner sehen prinzipiell nicht gern, wenn sie »ihre« Heroes mit der ewigen Konkurrenz aus New York teilen müssen.

Doch der Lockruf des Geldes ist stärker als künstlerische Überlegungen. Am Ende macht ein Musikagent namens Fred Rullman das Rennen und bringt den Walzerkönig für drei Konzerte an die Academy of Music nach New York. Der »New York Herald« widmet Rullman anlässlich dieser Großtat sogar ein Porträt, in dem er sagt: »Das größte Hindernis meiner gesamten Managerkarriere war das Engagement von Strauss, weil die Manager des Boston Jubilee alles daransetzten, ihn von einem Auftritt in New York abzuhalten.«

Umjubelt und vergessen
Die Sopranistin Minna Peschka-Leutner (Zeichnung aus dem »Jubilee Days«), in Boston mindestens so umschwärmt wie ihr österreichischer Kollege, wird danach ebenfalls für Auftritte in New York engagiert. Nach ihrem Karriereende gerät sie in Vergessenheit.

Rullman handelt Strauss auf fast die Hälfte seiner anfänglichen Vorstellungen herunter. Vereinbart wird eine Gage von 3.300 Dollar, also 1.100 pro Auftritt. Knapp dahinter folgt die Leipziger Koloraturgröße Peschka-Leutner, auch sie vertreten von Rullman. Sie erhält 3.000 Dollar ebenfalls für drei Konzerte, somit 1.000 pro Auftritt.

Davor muss Strauss aber noch das proklamierte gesellschaftliche Highlight des Weltfriedensjubiläums bestreiten. Das Format ist ihm wohlbekannt, er hat es wohl über tausend Male in seiner Karriere durchgespielt: ein Ball. Genau genommen sind es zwei, sie finden unter den monströsen Bedingungen im Coliseum statt.

Höhepunkt ist mit Sicherheit der erste Ball am 26. Juni 1872, also zur Halbzeit des Festivals. Natürlich ist es für die Werbetrommler in der Festivalleitung »der größte Ball aller Zeiten«, rund 25.000 Besucher werden gezählt, die Mitglieder des Chors dürfen trotz Protests nicht hinein. Der US-Präsident ist anwesend, Gilmore und Strauss dirigieren das Tanzorchester.

Strauss hat zu diesem Zeitpunkt bereits die Herzen des Publikums und die meisten Kritiker für sich eingenommen. Und er spielt den Charmeur ebenso perfekt wie er gewitzt auf Kritik reagiert. Als bekannt wird, dass er nur ein halbes Dutzend Stücke dirigieren wird, lässt er über das »Evening Transcript« ausrichten, er habe selbst für den Kaiser in Wien »nie mehr als drei Stücke dirigiert«, während er »für das souveräne Volk« der Amerikaner sogar sechs Stücke zum Besten geben wolle.

Schon das zweite Stück, das er an diesem Abend zur Aufführung bringt, ist der *Donauwalzer.* Sein dunkelblauer Mantel, besetzt mit Messingknöpfen, macht auch optisch Eindruck. »Nie zuvor gab es so etwas in den Vereinigten Staaten, und wir dürfen sagen: in der Welt«, schreibt der »Daily Advertiser« ehrfürchtig am Tag danach: »So manche Schönheit wird noch ihren Enkelkindern vom Jubiläumsball erzählen, als sie zur *Schönen Blauen Donau* tanzte und Strauss dazu dirigierte.« Präsident Grant – er lauschte schon zwei Tage davor bei der Nachmittagsvorstellung im Coliseum den Klängen der Strauss-Walzer – und seine Frau bleiben rund eine Stunde, von seinem Sitzplatz aus steht er mehrmals auf und applaudiert, aber er will partout nicht zur Musik tanzen. Laut dem Boston-Historiker Stephen Puleo soll Grant über seine eigene Musikalität gesagt haben, er kenne nur zwei Musikstücke: »Das eine ist ›Yankee Doodle‹, das andere ist nicht ›Yankee Doodle‹.«

Der Caterer des Mega-Balls protokolliert folgende Mengen: 900 Kilo Truthahn, 225 Kilo Hühnerfleisch, 900 Kilo Schinken – aufgeschnitten und in 2000 Sandwiches gequetscht –, acht Fässer Hummer, 25 Boxen mit Orangen, 20 Boxen mit Zitronen, 800 Boxen mit Erdbeeren, über 3000 Liter Eiscreme zum Dessert. Auch das Coliseum hat sich herausgeputzt. 15.000 Blumen wurden herangekarrt. Tausende kleine Gaslampen sorgen für Festbeleuchtung. Sogar die drei freien Seiten des beweglichen Podiums, auf dem Strauss steht, sind mit Rosen bedeckt. Das Orchester ist geschrumpft auf »nur« 379 Musizierende:

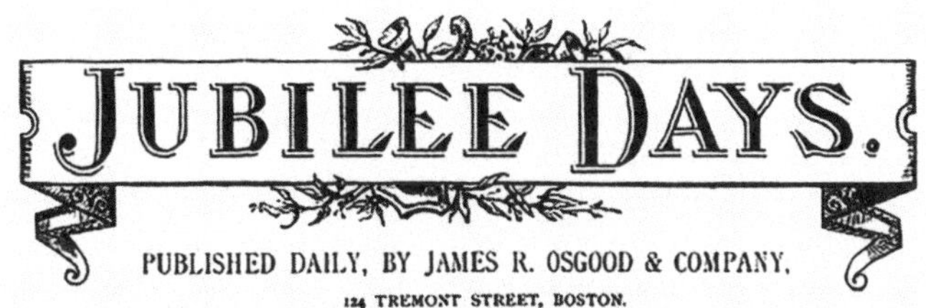

JUBILEE DAYS.

PUBLISHED DAILY, BY JAMES R. OSGOOD & COMPANY,

124 TREMONT STREET, BOSTON.

(Entered, according to Act of Congress in the year 1872, by James R. Osgood & Co., in the Office of the Librarian of Congress, at Washington.)

No. 15.] WEDNESDAY, JULY 3, 1872. [PRICE TEN CENTS.

THE "*HORROR*" OF OUR FOREIGN MUSICAL GUESTS.

Auf Autogrammjagd
Nicht nur Strauss & Co., sondern auch die Militärmusiker aus England, Frankreich und Preußen werden von den Autogrammjägerinnen förmlich belagert. Karikatur aus dem täglichen Veranstaltungsmagazin »Jubilee Days«.

100 erste Geigen, 75 zweite Geigen etc. Grundsätzlich ist die Veranstaltung »von Dämmerung bis Dämmerung« angelegt. Um 2.30 Uhr wird der letzte Galopp getanzt, um zehn Uhr vormittags ist wieder Probe für die Nachmittagsvorstellung.

Der zweite Ball fünf Tage später, mit billigeren Tickets, weniger berühmten Gästen und einem noch einmal – auf 250 Mann – verschlankten Orchester, wird hingegen als müder Abklatsch empfunden. Strauss lässt sich mit Verweis auf seinen angeschlagenen Gesundheitszustand nur kurz blicken.

Über seine Teilnahme am Gesellschaftsleben während der drei Wochen in Boston ist nur Rudimentäres überliefert. Er ist da und dort auf Empfängen und setzt sich ans Klavier, um einen Walzer anzuspielen, etwa bei einer Soiree am fünften Tag des Festivals beim Bostoner Klavierhersteller Hallet & Davis. Oft und gern zieht er sich in sein Zimmer im St. James Hotel zurück. Der Geburtstag von Jetty am 1. Juli – es ist der 54. – ist zwar in einer Zeitung erwähnt, jedoch ohne Hinweis darauf, ob dieser auch gefeiert wurde.

Strauss war – entgegen dem Bild, das er selbst später von sich malen ließ – nie ein Salonlöwe und oft mürrisch. Doch jenseits des Atlantiks zeigt er seine freundlichste Seite. »Er spricht kein Englisch, aber er lächelt in allen Sprachen«, ist ein Bonmot, das sich in Boston bald selbstständig macht. Der »Daily Advertiser« porträtiert ihn als »quicken, lebendigen und üblicherweise geistreichen Konversationsmenschen und als einen guten Zuhörer«.

Im letzten Drittel des Weltfriedensfests sind die Ermüdungserscheinungen groß: bei der Kritik, beim Publikum, bei den Musizierenden und bei Strauss. Nur noch am sogenannten Horace Greeley Day, dem Tag für den Grant-Herausforderer, wird sich am 3. Juli eine Menge von rund 30.000 Besucherinnen und Besuchern einfinden. Greeleys Frau Mary bleibt jedoch krankheitsbedingt in New York, begleitet und behütet von Tochter Ida – genauso wie bei der Überfahrt auf der »Rhein«. Am Independence Day, dem letzten offiziellen Tag des Spektakels, ist die Luft endgültig raus. Nur noch rund 2.000 Menschen wollen an diesem 4. Juli ins hölzerne Ungetüm kommen und die Auftritte der Stars hören. Selbst jenen Zeitungsberichterstattern, die dem Gilmore-Vorhaben immer gewogen gewesen waren, merkt man eine gewisse Erleichterung über das nahe Ende an.

Es gibt einen Erzfeind des irisch-amerikanischen Bandmasters, den Bostoner Musikkritiker John Sullivan Dwight, der nun einen lauten Stoßseufzer macht und in seinem »Dwight's Journal« schreibt: »Das große, erstickende, tyrannisierende, lärmende und prätentiöse Ding ist vorbei, und es gibt generelles Aufatmen, so als ob ein schwerer, brütender Alptraum sich endlich von uns gehoben hätte.«

Am 7. Juli reist Strauss so zurück nach New York, wie er gekommen ist: erst per Zug, dann per Schiff. Die drei Konzerte mit einem Orchester, das aus dem Pool der in Boston zum Einsatz gekommenen Musiker der Philharmonic Society schöpft und inzwischen auf eine Normalgröße von 65 Ausführenden geschrumpft ist, werden mit »den größten jemals bezeugten Ovationen« begleitet, wie die New Yorker Zeitungen versichern. Mit einem Dollar sind die Tickets deutlich erschwinglicher als die Bostoner Originalpreise, das Haus ist bei allen drei Konzerten prallvoll. Die Wirkung des Walzerkönigs auf das Publikum ist ähnlich wie in Boston. »Das Verlangen, dieses herausragende Genie jedes zivilisierten Ballsaals zu sehen, den Lieblingssohn von Terpsichore (*griechische Muse des Tanzes, Anm.*), ist universal, (...) insbesondere bei den Frauen«, vermerkt der »New York Herald« nach dem zweiten Konzert.

Gespielt werden – natürlich – der *Donauwalzer* und die *Pizzicato-Polka*, Strauss' Co-Dirigent ist ein gewisser Carl Bergmann, der auch bei den Auftritten von Primadonna Peschka-Leutner einige Tage später das Orchester leiten wird.

Dass seine extra für Amerika komponierten Werke – nach dem *Jubilee Waltz* in Boston und den ebenfalls dort entstandenen, allerdings in puncto Urheberschaft nicht restlos geklärten *Sounds from Boston* folgen nun die *Manhattan Waltzes* – musikalisch keine neuen Ideen beinhalten, sondern großteils aus recycelten Inhalten bestehen, fällt sogar den New Yorker Kritikern auf, ebenso dass das Orchester dann und wann »dürftig« spielt. Überhaupt sind Kritisierfähigkeit und -wille in der Großstadt mit fast einer Million Einwohnern – das Vierfache von Boston – ausgeprägter. Die in diesen Wochen im Central Park Garden stattfindenden Sommernachtskonzerte unter der Leitung des Dirigenten Theodore Thomas, merkt ein Kritiker an, brächten Strauss-Musik besser zur Geltung als Strauss in der Academy of Music selbst. Thomas dirigiert laut Inseraten an einem Abend in der fraglichen Woche etwa die Walzer *Die Publicisten* op. 321 und *Wiener Bonbons* op. 307, aber auch Josef Strauss' *Dorfschwalben aus Österreich* op. 164.

Wenn es am Meister selbst, dessen Dirigierstil wie auch schon in Boston im Mittelpunkt der Kommentare steht, etwas auszusetzen gilt, dann geht es aber fast immer um Äußerlichkeiten. Der New-York-Korrespondent des »New Orleans Republican« jedenfalls stößt sich persönlich an der Show. Ende Juli, Strauss legt gerade in Bremerhaven an, ruft ihm dieser Kritiker geschmäcklerisch nach: »Als Orchesterleiter mag ich ihn nicht. Stellen Sie sich einen sehr kleinen Mann vor, mit großen schwarzen Koteletten und dichtem Haar am Kopf, der ein Orchester großteils in der Art eines Affen führt, der mit einer Drehorgel verbunden ist (...) Es wirkte zu sehr wie die Demonstration eines Mannes, der auf jede erdenkliche Art versucht sich zu verbiegen und gleichzeitig zu dirigieren. Es wird viel zu viel Aufhebens darum gemacht.«

Die brütende Hitze in diesen Julitagen setzt den New Yorkern offenkundig ebenso zu wie den hohen musikalischen Gästen aus Europa. Einem der drei Konzerte von Peschka-Leutner in der Academy of Music geht ein wolkenbruchartiger Regen voran, weshalb das Auditorium nur halb gefüllt ist. Von den zwei Auftritten der Musiker des Kaiser Franz Garde-Grenadier-Regiments Nr. 2 im Jones Woods Park ist kein Echo bekannt, aber das Programm: Es verzichtet, vielleicht übersättigt vom Strauss-Hype in Boston und den US-Blättern, nun auf Stücke des Meisters, spielt passend zur Bartmode des Kapellmeisters als Eröffnung Saros eigenen »Kaiser-Wilhelm-Marsch«, nimmt aber auch ein Stück von Josef Strauss auf: den *Delirienwalzer* op. 212.

7. KAPITEL

DER SCHRECKLICHE DONAUWALZER

Dass sich Strauss und Jetty am Ende ihrer Reise zu einem reportageartigen Interview in der »New York Sun« hinreißen lassen, hat möglicherweise mit einem Fauxpas zu tun, der ihnen – oder einem Manager aus dem Strauss-Orbit – drei Tage zuvor passiert ist. Nachdem der »New York Herald« in seiner Ausgabe vom 9. Juli angekündigt hat, Strauss würde kurz vor seiner Abreise auch bei einem Ball zu seinen Ehren am 12. Juli aufspielen, zu dem auch Präsident Grant eingeladen ist, antwortet Strauss tags darauf in seinem Dementi an den »Herald«-Herausgeber überaus harsch:

»Die ungerechtfertigte Verwendung meines Namens mit dem Ziel, die Öffentlichkeit in die Irre zu führen, ist für mich eine neuartige Erfahrung, aber mir ist versichert worden, dass solche Hilfsmittel hier von skrupellosen Spekulanten nicht selten angewandt werden, so dass, wie ich annehme, die Presse und die Öffentlichkeit an diesem Scherz, falls es einer ist, Gefallen finden werden, mehr allerdings als ich das tue. Ich verbleibe, Sir, mit Respekt, Ihr Johann Strauss.«

Das sitzt, und es wird als nationale Beleidigung aufgefasst. In der »Herald«-Ausgabe vom 12. Juli sieht sich Strauss gezwungen, zurückzurudern: Der erwähnte Brief sei von ihm »nicht verfasst und autorisiert« gewesen, heißt es in dem an vorderster Stelle abgedruckten Brief an den Herausgeber: »Da ich nicht wünsche, dass die amerikanische Öffentlichkeit denkt, ich würde ihre freundliche und warmherzige Aufnahme nicht schätzen, vertraue ich Ihrem Sinn für Fairness und hoffe, dass Sie meinem Brief einen prominenten Platz in Ihrer nächsten Ausgabe einräumen (...) Ich verbleibe, Sir, Ihr untergebener Diener. Johann Strauss.«

Die Zeitung schlägt sich im Begleittext nun zur Gänze auf die Seite des Maestro und schiebt die Schuld ungenannten Managern zu, »die die Presse für ihre eigenen egoistischen Interessen benutzen«. Die Wogen sind offiziell wieder geglättet. Das Feuer am Dach des amerikanischen Imagegebäudes, das er in den letzten Wochen so erfolgreich aufgebaut hat, lodert aber weiter. Vielleicht darf ihn aus diesem Grund der »Sun«-Reporter in seiner Suite im Brooklyner »Clarendon Hotel« besuchen, es wird eine Art Hotel-Homestory für die Nachwelt: »A Talk to Mr. Strauss.« Weil der Reporter Deutsch spricht, fühlt sich Strauss sichtlich wohl und kann auch ohne Jettys Unterstützung in Verbindung mit dem Zeitungsmann treten.

Nach Beschreibung von Äußerlichkeiten (»Er ist nach der neuesten Wiener Mode gekleidet« etc.) und seines Sprechstils folgt der Hinweis, dass Strauss ein »Ladies' Man« sei, ein Mann der Frauen. Dann darf der Interviewte zu einer ultimativen Schmeichelei an das Gastgeberland ansetzen: »Oh! Dieses Land ist superb, großartig. Ich hatte keine Vorstellung von der Grandezza dieses Landes, und ich hätte mir niemals gedacht, dass es hier so viel Wertschätzung für gute Musik gibt.«

Ständig werden während des Gesprächs Autogrammkarten zum Unterschreiben hereingereicht, Strauss' Seufzer wird auf

Deutsch wiedergegeben: »So geht das den ganzen lieben Tag!« Boston gefalle ihm nicht, das gefällt dem Reporter. Von New York ist der Amerikabesucher dagegen »ganz entzückt«, er findet die Stadt »charmant«, »fröhlicher als London«. Jetty Strauss, deren schöne Zähne dem Schreiber eine Erwähnung wert sind, reiht sich ein und schwärmt vom Central Park, »er ist feiner als unser Prater«, sagt sie und stellt gleich noch einen essenziellen Vergleich an: Der Broadway sei prächtiger als die neue Wiener Ringstraße.

Dann bekommt Mrs. Strauss einen langen Absatz eingeräumt, in dem sie sich über die Hitze in New York beschwert, aber auch das Leben in Wien-Hietzing beschreibt, ehe das Ehepaar ausgiebig über die miserable Qualität des amerikanischen Biers ablästern darf. Herr Strauss: »In Wien ist das Bier göttlich! Kommen Sie nach Wien, trinken Sie Bier und sterben Sie!« Und natürlich über den Horror fehlender Signalposten bei der Bahn. Frau Strauss: »Mein Mann wäre lieber sofort tot, als noch einmal mit der amerikanischen Eisenbahn fahren zu müssen.«

Jetty ist es ein großes Anliegen, die Nähe ihres Gatten zu den Monarchen des alten Kontinents hervorzuheben, insbesondere auch zu den russischen Zaren. Strauss muss wiederholt für Signierwünsche den Raum verlassen, kommt immer wieder zurück, schimpft über die Autogrammjägerinnen, schenkt dem Reporter am Ende eine Zigarre und sagt: »Sie sind ein netter, liebenswerter Kerl.«

Mehr braucht es nicht, um die perfekte Schmeichelstory im Kasten zu haben: ein wenig Einblick in die Charakterzüge, in das imperiale Wien und die private Strauss-Welt, schon ist die Imagepolitur fertig. Das ist immerhin mehr, als zu erwarten war, denn feine Reisebeobachtungen über das Gastgeberland, die Architektur, die Landschaft, die Leute und die Dynamik sind nicht seine Stärke.

Um die Glaubwürdigkeit seiner großen, kommerziell vorteilhaften Amerikaliebe zu unterstreichen, hat der Boston-Star auch ein Resümee seines Aufenthalts in einigen Zeitungen verbreiten lassen. Jahrzehnte später wird er die Erfahrung zwar als »scheußlich« resümieren, in dem Brief aber lobt er der Reihenfolge nach: das »gigantische, akustisch perfekt arrangierte Coliseum«, den »noblen Ton« und den »überwältigenden Effekt« der dampfbetriebenen Riesenorgel, die »perfekte Organisation« der Veranstaltung. Das *Jubilee* sei in Summe ein »überwältigend beeindruckendes Unterfangen« gewesen. Den Schlusssatz liest das US-Publikum besonders gern: »In Europa, das musikalisch im Vorteil ist, sollte ein derartiges künstlerisches Vorhaben viel einfacher sein. Aber es gibt niemanden, der den Unternehmungsgeist hat, eine so große internationale Zusammenkunft durchzuführen.«

Das ist eleganter als Gilmore-PR und sollte endgültig reichen, um mögliche Misstöne am Ende seines USA-Aufenthaltes, der einen Monat gedauert hat, vergessen zu machen. Am 12. Juli dirigiert Strauss sein letztes Konzert in der Academy of Music, am Tag darauf verabschiedet er sich von Amerika. Alles, was er in den Zeitungen in den vergangenen Wochen tröpfchenweise über mögliche weitere Amerikapläne lancieren hat lassen, stimmt nicht. Weder besucht er die Niagarafälle noch plant er seine Wiederkehr im Herbst. Es ist ein Abschied für immer.

Er wird nun nicht von jenen preußischen Vereinen eskortiert, die ihn am 15. Juni im »Bush's« in Hoboken mit viel Lärm und Trank begrüßt haben, sondern edler und adeliger. Um zwei Uhr nachmittags legt sein Schiff Richtung Europa ab, aber schon zwei Stunden davor erscheint er auf dem Dampfer, der passenderweise »Donau« heißt. Je ein Vertreter der deutschen und der österreichischen Botschaft stoßen hinzu, ein Graf Arco und ein Herr Boleslawski. Der »New York Dispatch« hält fest: Strauss »schüttelte herzlich die Hände dieser Gentlemen und brachte sein tiefes Bedauern zum Ausdruck, so viele neue Freunde in Amerika verlassen zu müssen«. Aber leider, leider, lässt er die amerikanische Öffentlichkeit wissen, lasse ihm sein Pflichtbewusstsein keine andere Wahl: Er habe sogar das verlockende Angebot des Barons Rothschild ausgeschlagen, in dessen Sommerpalast zu Ehren des Prince of Wales Konzerte zu dirigieren – die Verpflichtungen in Baden-Baden ab August hätten Vorrang.

Die Rückfahrt auf dem Schiff des Norddeutschen Lloyd verläuft ohne die 48-köpfige Preußenkapelle und ohne die Anspannung der Hinfahrt zunächst etwas ruhiger. Die Kabinenklasse ist diesmal fast ausschließlich mit amerikanischem Publikum besetzt. Von den Bostoner Bühnenstars ist nur der in Berlin lebende Pianist Franz Bendel mit an Bord, der sich im monströsen Coliseum so schwertat, Gehör zu finden. An Prominenz jedweder Kategorie fehlt es nicht: Der demokratische Senator aus Delaware und spätere US-Außenminister Thomas Bayard fährt mit. Der zu Jahresbeginn wegen Schmuggels von Gin, Brandy, Whiskey und Wollsocken verurteilte Dexter T. Mills aus Boston ist ebenso mit dabei wie Abkömmlinge feinerer Schichten der Ostküstengesellschaft. Ein Mitreisender aus Boston trägt ironischerweise den Namen Joseph Strauss.

Neben den Sträussen, dem Diener Stephan Detoni und der Zofe Anna Cedek gibt es einen einzigen weiteren Österreicher namens Adolph Pitl an Bord, vermutlich der Baulöwe und Baron Adolph Pittel (Pittel & Brausewetter).

Das Ruhebedürfnis nach mehr als einem Monat heller Aufregung zwischen Proben, Auftritten, Empfängen und Medienterminen muss unermesslich gewesen sein. Dennoch kann sich Strauss nicht in seiner Kajüte erster Klasse verschanzen. Denn natürlich bleibt den Passagieren nicht verborgen, dass der nun endgültig zu Weltruhm emporgestiegene Walzerkönig unter den Reisenden ist. Sie begehren den *Donauwalzer* zu hören. Das Musikcorps des Norddeutschen Lloyd, gebildet aus Stewards aus der zweiten Klasse, ändert deshalb sein Standardrepertoire nach kurzer Zeit ab. Und der Name des Schiffs ist bald Programm: Während auf dem Dampfer »Rhein« bei der Hinfahrt zuweilen auch die »Wacht am Rhein« gespielt wurde, erschallt auf dem

Dampfer »Donau« nun der *Donauwalzer* praktisch in Dauerschleife.

Die Reisenden können offenbar nicht genug bekommen. »Oft täglich einige Dutzend Male« sei der Schlager auf der Fahrt nach Europa gespielt worden, notiert der »Hannoversche Courier« am 1. August 1872, einige Tage, nachdem das Schiff in Bremerhaven angelegt hat. Seine Amerikanische Reise endet für Strauss so, wie sie begonnen hat: mit Genervtheit. Er schafft es aber, sie in einen zitierfähigen Gag zu verkleiden: »Als Strauß von Bord ging, äußerte er scherzhaft, daß er den Text des Walzers jetzt ändern werde«, schreibt die norddeutsche Zeitung. »Denn er für seinen Theil werde in Zukunft nicht mehr ›An der schönen blauen Donau‹ sagen, sondern ›Mit Schrecken denk‹ ich an die ›Donau'‹.«

8.

KAPITEL

NACHSPIEL

Nach der Daueraufregung über den exzentrischen Walzerkomponisten aus Europa dauert es einige Monate, bis die Strauss-Euphorie in der US-Öffentlichkeit wieder abebbt. Klavierfabrikanten bewerben in den Zeitungen ihre Produkte mit persönlichen Empfehlungen des Komponisten, er habe noch nie Instrumente von derartiger Klangqualität gespielt. Die Drucke seiner Werke gehen weg wie die warmen Semmeln, Ende Juli sieht er sich genötigt, über seinen Agenten A. Weber eine Warnung im »New York Herald« zu veröffentlichen, wonach jede andere als die von seinem Verlag Oliver Ditson & Co. veröffentlichte Version der *Manhattan Waltzes* illegal und ein Betrug sei.

Marketing mithilfe der Marke Strauss ist das Gebot der Stunde. Nichts ist zu unbedeutend für eine Meldung, solange es nur mit dem Maestro in Verbindung steht. Er habe aus Amerika das Tabakkauen, das ihm gegen Zahnweh empfohlen worden sei, in seine Heimat mitgenommen, berichten einige Blätter noch Mitte Oktober.

Doch es mischen sich auch Misstöne in den Nachhall. In der »Chicago Daily Tribune« am 29. Dezember des Festivaljahres wird eine abschätzige Bemerkung Strauss' über das Niveau US-amerikanischer Instrumentalisten zitiert, die dieser in Form eines Offenen Briefs im »Wiener Tageblatt« getätigt haben soll:

Demnach wäre er gerne ein Jahr länger in Boston geblieben, habe aber rasch entdeckt, dass es dort nicht genügend gute Musiker gebe, um ein effektives Orchester auf die Beine zu stellen. Es geht also erneut um eine Kränkung der nationalen Ehre, der Artikel endet mit einem Verdikt: »Falls Johann Strauss einen solchen Brief geschrieben hat, dann ist Johann Strauss ganz einfach ein Lügner.« Obwohl ihm die Reise Geld und Ruhm in Rekord-Dimensionen eingebracht hat, wird der Wiener Künstler in den verbleibenden 27 Jahren seines Lebens nie wieder amerikanischen Boden betreten. Er steigt auch nie mehr wieder auf ein so großes Schiff wie die »Rhein« oder die »Bristol«. Amerika lebt in seinem Palais in Wien-Wieden weiter. Das Harmonium, sein liebstes Kompositionsinstrument, war das Geschenk von Freunden, die er im Gefolge der Amerikanischen Reise gewonnen hat.

Und einen Hauch amerikanisch wird es dann noch einmal am Ende seines Lebens. Gut möglich, dass er sich mit einem seiner letzten Besucher im Stadtpalais in der Igelgasse noch einmal über die Überfahrt und die Erfahrungen im Coliseum unterhalten hat: Mark Twain. Der berühmte US-amerikanische Schriftsteller mit bürgerlichem Namen Samuel Langhorne Clemens, Schöpfer des »Huckleberry Finn«, schreibt am 6. Juni 1899, drei Tage nach dem Tod des Komponisten, an Adele Strauss: »Sehr geehrte Frau Strauss! Ich bin in tiefem Schmerz und geschockt, aus den Zeitungen vom Ableben Ihres großartigen und talentierten Ehemanns zu erfahren. Als ich mit ihm vor erst zwölf Tagen in Ihrem Haus sprach und rauchte, schien er sein altes, natürliches Selbst zu sein: hellwach, schnell, beredt und mit allen Segnungen seiner unzerstörbaren Jugend gesegnet. (...) Ich bin dankbar dafür, dass ich dieses angenehme Treffen mit ihm hatte. (...) Mit tiefstem Respekt verbleibe ich, Ihr S.L. Clemens.«

Patrick S. Gilmore, jener Mann, dessen Lockruf Strauss in die USA am Ende doch erlegen ist, wird nach 1872 kein weiteres Musikfestival mehr veranstalten – denn finanziell ist das fast dreiwöchige *World's Peace Jubilee*, anders als der auf nur fünf Tage anberaumte nationale Erstling 1869, ein Desaster. Einnahmen von 440.000 Dollar stehen am Ende Ausgaben von 650.000 Dollar gegenüber, das Defizit beträgt also 210.000 Dollar, heute rund fünf Millionen Euro. Selbst ein Ende September 1872 veranstaltetes Charity für Gilmore kann den Verlust nicht zur Gänze abdecken. Es ist die letzte Veranstaltung im Coliseum, bevor die hölzerne Konzerthalle an die Geschäftsmänner Theophilus Cushing aus Frankfort, Maine, sowie Charles und Joseph Dunham aus Chelsea, Massachusetts, verkauft, abgerissen und ausgeschlachtet wird; zwischenzeitlich dient das monströse Gebäude noch kurz als Pferdestall. Obwohl ihn die Bostoner Stadtoberen mit Medaillen überhäufen, zieht Gilmore 1873 nach New York City, wo er Kapellmeister des 22. Regiments wird. Mit seiner eigenen Gilmore-Kapelle tourt er durch Europa und Nordamerika und spielt sowohl bei mehreren US-Präsidenten-Inaugurationen als auch bei der Eröffnungsfeier für die Freiheitsstatue in New York 1886. Gilmore stirbt 1892, sieben Jahre vor Johann Strauss Sohn.

Einen Sommer lang dürfen sich Horace Greeley, seine Frau Mary und die beiden Töchter Ida und Gabrielle als künftige First Family der USA fühlen. Doch Ende Oktober 1872, etwas mehr als eine Woche vor den Wahlen, beginnt das große Drama im Leben des Präsidentschaftskandidaten und seiner engsten Angehörigen: Am 29. Oktober erliegt Mary Greeley, die sich auch nach ihrer Rückkehr von der Isle of Wight nicht mehr erholt hat, mit 61 Jahren ihrem Lungenleiden. Zwei Tage später erreicht Tochter Ida, die mögliche Walzerpartnerin von Strauss' Diener Stephan Detoni an Bord der »Rhein«, die nächste Hiobsbotschaft: Ihr Verlobter, ein Marineoffizier mit Nachnamen Maxwell, ist eines von 76 Opfern der verunglückten »SS Missouri«. Das Dampfschiff geriet vor den Bahamas, nordöstlich der Abaco-Inseln, in Brand. Sechs Tage später wählen die Amerikaner einen Präsidenten. Horace Greeley, Vertreter der Liberalen Republikaner, bekommt zwar 40 Prozent der Stimmen. Doch schwere Fehler im Wahlkampf haben ihn zum Gespött vieler Blätter gemacht, er bezeichnet sich selbst als »schlimmsten geschlagenen Mann, der jemals für ein hohes Amt kandidierte«. Noch vor dem Zusammentreten des Kollegiums der Wahlmänner bricht er körperlich und psychisch völlig zusammen, er stirbt am 29. November 1872, genau einen Monat nach seiner Frau, mit 61 Jahren. Ida überlebt die Eltern nur um ein Jahrzehnt: Sie heiratet, bekommt drei Kinder und stirbt 1882 an Diphtherie. Ihre Tochter Nixola Greeley-Smith wird eine berühmte Frauenrechtlerin und feministische Journalistin, auch sie wird nur 39 Jahre alt.

Adolph Neuendorff, der junge Orchesterleiter und angehende Operettenkomponist auf der »Rhein«, tritt 13 Jahre nach dem *Jubilee* in Zusammenhang mit Strauss und Boston in Erscheinung. Beim ersten Konzert der Boston Pops, einem Ableger des neu gegründeten Boston Symphony Orchestra, dirigiert er u. a. die *Pizzicato Polka* der Strauss-Brüder Johann und Josef. Zu dieser Zeit ist er bereits mit der in Wien ausgebildeten Opernsängerin Georgine von Januschowsky verheiratet, der er Anfang der 1890er in die Hauptstadt der Habsburgermonarchie folgt. Seine Frau singt in Wien u. a. Rollen in Strauss' *Fledermaus.* Neuendorff stirbt 1897, zwei Jahre vor seinem Mitpassagier bei der Überfahrt ein Vierteljahrhundert zuvor, in New York.

Minna Peschka-Leutner, neben Strauss der zweite große europäische Star in Boston, kehrt nach Leipzig zurück, wechselt 1876 nach Hamburg und tritt 1882 und 1883 noch einmal in New York und Chicago auf. 1890 stirbt die einst gefeierte Koloratursopranistin in Wiesbaden und gerät danach in völlige Vergessenheit, wie auch fast alle anderen ehemaligen großen Namen des Festivals. Außer Strauss' ist nur der Ruhm der Fisk Jubilee Singers nachhaltig. Nach Boston und einem Auftritt im Weißen Haus bei Präsident Ulysses S. Grant tourt die afroamerikanische Gesangstruppe in den 1870ern mehrmals durch Europa. Ein Nachfolgechor besteht noch heute, 2021 wurde das 150-jährige Bestehen gefeiert. Die Local Heroes des Festivals, die Amboss schlagenden Feuerwehrleute des Boston Fire Department, bekommen es schon wenige Monate nach dem *Jubilee* mit dem Ernstfall zu tun. Beim Great Boston Fire, das am 9. November 1872 ausbricht, sterben 30 Menschen, darunter zwölf Feuerwehrleute. Es entsteht ein Schaden, der dem heutigen Äquivalent von 1,7 Milliarden Dollar entspricht.

Jetty Strauss managt, betreut und umsorgt ihren Mann auch nach der Rückkehr mit unverminderter Energie. Von Bremerhaven geht es nach Baden-Baden, wo das Paar länger bleibt, weil in Wien die Cholera wütet. Im Oktober 1872 eskaliert die Brüder-Situation wieder einmal. Eduard ist schwer verärgert über Johanns Plan, bei der großen Wiener Weltausstellung 1873 nicht mit der Strauss-Kapelle auftreten zu wollen, sondern mit jener von Julius Langenbach, die er in Baden-Baden kennengelernt hat. Der kleine Bruder schreibt an Jetty: »So glaube ich auch heute – nichts wäre unserer guten Mutter schmerzlicher gewesen, als eine Trennung der Brüder zu erleben. Eine solche darf der Name nicht erleben.« Noch wird Jetty also angefleht, doch sie unternimmt nichts mehr, um den Bruch zu kitten. 1878 stirbt sie völlig unerwartet, 60-jährig, in der Hietzinger Villa in der Hetzendorfer Straße, heute Maxingstraße – vermutlich an einem Schlaganfall. Johann wird das Haus nie wieder betreten. Zum Begräbnis seiner Frau schafft er es nicht, sein Bruder Eduard muss als Trauerredner einspringen.

Catharina »Katti« Lanner, die unwahrscheinliche Reisegefährtin und Tochter des anderen Walzerkönigs, wird eine der glänzendsten Frauenkarrieren des Tanztheaters hinlegen. Zwischen ihren zwei New Yorker Auftritten 1870 und 1872/73 wird sie erstmals am Londoner Drury Lane Theatre engagiert, in der britischen

Hauptstadt bleibt sie ab 1875 bis zu ihrem Tod 1908. Triumphe feiert sie im Empire Theatre am Leicester Square und mit ihrer eigenen Tanzakademie. Sie lebt in unorthodoxen privaten Konstellationen mit dem italienischen Tänzer Giuseppe Venuto de Francesco, dessen über 80-jähriger Mutter Anna, ihrer eigenen Enkeltochter Clara, einer Adoptivtochter namens Cora, fünf Katzen und einem Hund. Es gibt keine Hinweise darauf, dass sich ihre und Johann Strauss' Wege nach 1872 gekreuzt haben könnten.

Caroline Strauss, Johanns Schwägerin, entfernt sich im Laufe der Jahre nach dem Tod ihres Mannes Josef noch weiter von der Familie. Um das musikalische und damit monetarisierbare Erbe ihres verstorbenen Mannes entsteht Streit, Lina fühlt sich übervorteilt. In einem Brief an Johann aus dem Jahr 1886 schreibt sie, dass schon am Tag nach Josefs Tod Johanns Diener ein Paket mit musikalischen Skizzen abgeholt habe. Der Strauss-Verleger Spina wollte ihr diesen musikalischen Nachlass um 5000 Gulden abkaufen, »doch du ließest das nicht zu mit der Bemerkung, man kann daraus viel mehr bekommen, indem diese Skizzen auch eine Operette enthielten, welche das einzige Kapital repräsentierte, was dein Bruder seiner Familie hinterlassen hat«. Seit Längerem verfolgen Strauss-Forschende die These, dass sich Johann Strauss einige Ideen aus dem Skizzenbuch seines Bruders post mortem angeeignet und sie in seinen Kompositionen verwertet hat. Stecken Ideen aus einer Operette Josefs in Johanns späteren Operetten und Walzern, vielleicht auch in der 1874 fertig gestellten *Fledermaus*, dem zweiten großen Höhepunkt in Strauss' kompositorischem Schaffen nach dem *Donauwalzer*? Es gibt keinen Beweis für diese These. Die mehr und mehr unter finanziellem Druck stehende Lina ersucht den Schwager, ihren früheren Schwarm, deshalb, »vor deiner Abreise mir dieses fehlende wertvolle Manuskript meines seligen Mannes gütigst zu übersenden, um doch endlich zu einem pecunieren Resultat zu kommen«. Als der Brief verfasst wird, ist aber der Walzerkönig längst in den Händen seiner dritten Frau Adele, die ähnlich geschäftstüchtig wie Jetty ist. Als Lina ein Jahr nach Johanns Tod, 1900, von einem Wiener Lokalreporter in ihrem Haushalt in der damaligen Czermakgasse in Wien-Währing besucht und als emsige Großmutter porträtiert wird, lenkt sie geschickt vom Thema ab, als sie gefragt wird, ob sie »in letzter Zeit viel mit ihrem Schwager verkehrt« habe: »Nein in letzter Zeit gar nicht mehr, denn–«, antwortet sie, dann bricht sie mitten im Satz ab und wendet sich dem lärmenden Enkerl zu.

Florenz Ziegfeld, der Musikdirektor aus Chicago und Generalagent des *Jubilee*, jener Mann, dem es in letzter Sekunde gelingt, die Angstattacken von Strauss zu managen und den divenhaften Musiker auch während der Überfahrt »an Bord« des Monsterprojektes zu halten, berichtet drei Jahrzehnte später, er habe im Nachhinein mehrere Briefe von Jetty Strauss erhalten, in denen sie sich bei ihm dafür bedankte, sie nach Amerika mitgenommen und so herzlich behandelt zu haben. Er selbst widmet sich nach dem Festival wieder seiner Chicago Academy of Music. 1893 findet die Weltausstellung in Chicago statt, und um die Geschäftschancen zu nutzen, eröffnet er einen Nachtclub: »Trocadero«. Sein 26-jähriger, gleichnamiger Sohn Florenz »Flo« Ziegfeld hilft ihm mit cleveren Show-Ideen aus der Patsche und bewahrt ihn vor der Pleite. Flo Ziegfeld wird in den Jahrzehnten danach mit den »Ziegfeld Follies« sowohl Broadway- als auch Hollywoodgeschichte schreiben. Barbra Streisand wird für ihre Rolle als »Funny Girl« der »Ziegfeld Follies« 1968 einen Oscar erhalten. Ein 2008 erschienenes Buch über den Sohn des Co-Passagiers von Johann Strauss Sohn trägt schlicht den Titel: »The Man who invented Show Business.« Sein Vater, der das ewige Verdienst hat, den widerspenstigen Wiener Komponisten im Verlauf des Mai 1872 auf seine Amerikanische Reise gebracht und damit einen Meilenstein im transatlantischen Showbusiness gesetzt zu haben, stirbt im Jahr 1923.

Heinrich Saro, der zackige Kapellmeister der Preußenkapelle, wird vier Jahre nach Boston ein weiteres Mal mit Johann Strauss Sohn dirigieren, diesmal bei einem Promenadenkonzert in Berlin – allerdings strikt getrennt vom Maestro. »Das Programm enthielt 33 Nummern, die ungeraden führte die Symphonie-Kapelle (*mit Strauss, Anm.*) auf, die geraden Herr Saro mit seinem Militär-Musikkorps«, heißt es in einem Berliner Zeitungsbericht. Der Komponist des »Königgrätzer Siegesmarsches« wird später dennoch auch wieder dem österreichisch-ungarischen Kaiser huldigen: Sein Opus 100 ist der »Kaiser-Franz-Joseph-Jubiläumsmarsch«. 1887 geht Saro in Pension, vier Jahre später stirbt er – acht Jahre vor dem Träger des anderen markanten Backenbartes, Johann Strauss Sohn.

Was ist das musikalische Vermächtnis der US-Reise des Walzerkönigs? Eher auszuschließen ist, dass er sich Anregungen für sein eigenes Komponieren holte, etwa durch die Gospelgesänge der Fisk Jubilee Singers oder die geballte Präsenz der Militärkapellen auf dem Schiff und in Boston. Seine ersten Kompositionen nach der Rückkehr legen den Schluss nahe, dass er voll schlechten Gewissens gegenüber den Organisatoren der russischen Konzerte ist, denen er abgesagt hat. Durch eine entsprechende Widmungspolitik will er der drohenden Pawlowsk-Pönale offenkundig entgehen: Am 12. September 1872 wird unter der Leitung von Eduard Strauss Johanns *Russische Marsch-Fantasie* op. 353 uraufgeführt, eine Woche später die Fantasie *Im russischen Dorfe* op. 355. Dazwischen liegt op. 354 *Wiener Blut*, der Wiener Walzer schlechthin. Die Skizzen dafür müssen im Jahr 1872 entstanden sein, vielleicht sogar auf der Reise.

Die Art und Weise, wie er seine eigenen Werke auf der Bühne interpretiert, fand in der US-Musikerwelt Nachhall. Es gibt in Fachpublikationen Kommentare über das richtige, langsamere Walzertempo, das man von Strauss' Auftritten in Boston und New York gelernt habe. Sein Dirigierstil wird noch lange diskutiert, selten jedoch imitiert. Dass der Dreivierteltakt nach dem *Jubilee* einen Boom erfahren hat – in den Ball- und Konzertsälen ebenso wie in der Komponistenwelt –, wäre naheliegend ist aber schwer festzustellen. Der größte Einfluss ist die Popularisierung durch die Tausenden Laien-Musizierenden, die über Wochen hinweg stundenlangen Proben mit dem Maestro beigewohnt und Strauss-Klänge – und -Erfahrungen – danach in ihre Haushalte getragen haben. Wie viele Laienorchester und -chöre quer durch die USA als Resultat seiner Auftritte 1872 Strauss in ihr Repertoire mit aufgenommen haben, kann nur erahnt werden.

Die Erinnerung wirkt jedenfalls musikalisch auf vielen Ebenen nach. 1873 hört der Amerikaner Henry Lee Higginson, der in Wien die Weltausstellung besucht, die Strauss-Kapelle unter Leitung von Eduard Strauss im Wiener Volksgarten. In seinem Bericht schreibt er: »Auch wenn nicht Johann Strauss die Kapelle leitete, sondern ein Bruder: Es war der alte Schwung und die Stimmung drin.« Das deutet darauf hin, dass der erfolgreiche Geschäftsmann aus Boston Strauss bereits beim *Jubilee* im Coliseum gehört hat. Higginson gründet 1881 das berühmte Boston Symphony Orchestra.

»Mr. Strauss comes to Boston« ist eine musikalische Zusammenstellung der von Strauss in Boston performten Werke durch das Boston Pops Orchestra unter Arthur Fiedler, die 1955 veröffentlicht und sehr populär wird.

Mehrfach wird auch versucht, das Monsterereignis aus dem Jahr 1872 filmisch umzusetzen. Kein großer Kinoerfolg ist der von Metro-Goldwyn-Mayer (MGM) produzierte, 1938 veröffentlichte Film »The Great Waltz« mit Fernand Gravet als Strauss. Die 1972er-Version von »The Great Waltz«, diesmal mit Horst Buchholz in der Titelrolle, wieder ein MGM-Werk, zelebriert im Finale den »Great Waltz in Boston«. Natürlich handelt es sich um den *Donauwalzer.*

Verwendete Originalquellen und -berichte

Passagierliste der »Rhein«, eingelaufen in New York am 15. Juni 1872
https://archive.org/details/passengerlistsof0360unit/page/n574/mode/1up?view=theater
Beschreibung der Ziegfeld-Festivalvorbereitung in »The Philharmonic«, Hg. William Ziegfeld, 1901
https://babel.hathitrust.org/cgipt?id=nyp.33433082282058&seq=4
Jubilee Days: An Illustrated Daily Record of the Humorous Features of the World's Peace Jubilee, Boston 1872.
George Putnam Upton: Musical Memories. My Recollections of Celebrities of the Half Century, 1850–1900, erstmals erschienen 1908.
Nachbericht des Festivals in »Dwight's Journal of Music« am 13. Juli 1872
https://archive.org/details/dwightsjournalm06dwiggoog/page/n288/mode/1up
Thomas Ryan: Recollections of an Old Musician, Boston 1899.
Johann Strauss: Leben und Werk in Briefen und Dokumenten. 10 Bde., Tutzing 1983.
Eduard Strauss: Erinnerungen, Leipzig und Wien 1906.
Lina Aigner-Strauss: Eigenhändige Erinnerungen an Josef Strauss und seine Familie, Wien 1913 (Mailer-Archiv, Krems).

Zitierte Original-Schriftstücke

Brief von Johann und Jetty Strauss an Johanns Schwestern Anna und Therese, undatiert, Wienbibliothek.
Brief von Netty (= Anna junior) Strauss an Caroline Strauss, 8.7. 1871, Wienbibliothek.
Schreiben von Florenz Ziegfeld an Johann Strauss aus dem Hillmanns Hotel, Bremen, 24.5. 1872, Wienbibliothek.
Schreiben des US-Botschaftssekretärs Bük an Jetty Strauss, 27.5. 1872, Wienbibliothek.
Brief von Katti Lanner an Unbekannt, 1.7. 1872, Ort: Paris. Wienbibliothek.
Josef Strauss, Beschreibung der Besteigung des Traunstein, undatiert, Wienbibliothek.

Digitale Archivausgaben folgender Zeitungen

USA

Boston Evening Transcript
The Boston Globe
Boston Post
Boston Daily Advertiser
The Pilot (Boston)
Worcester Spy (Boston)
The Springfield Daily Republican
New York Herald
New York Dispatch
New York Times
New York Tribune
The Providence Journal (Rhode Island)
Chicago Tribune
Buchanan County Bulletin (Iowa)
The Charleston Daily News
Wilmington Daily Commercial
Litchfield Enquirer
Connecticut Western News
Daily Dispatch (Virginia)
The Cheyenne Daily Leader
Musical World (London)
Hampshire Advertiser (Southampton)

Europa
Hannoverscher Courier
Hamburgischer Correspondent
Deutsche Auswandererzeitung (Bremen)
Hallesches Tagblatt
Kölnische Zeitung
Saale-Zeitung
Berliner Musik-Zeitung
Staatsbürger-Zeitung (Berlin)
Die Gartenlaube (Leipzig)
Revue Musicale (Paris)
Neue Freie Presse (Wien)
Neues Fremden-Blatt (Wien)
Deutsche Zeitung (Wien)
Gemeinde-Zeitung (Wien)
Illustrirtes Extrablatt (Wien)
Neue Zeitschrift für Musik
Linzer Volksblatt

Verwendete Biografien, Sachbücher, wissenschaftliche Literatur

Thomas Aigner: Olga Smirnitskaja. Die Adressatin von 100 Liebesbriefen von Johann Strauss, Tutzing 1998.

Kurt Bellak: Caroline Strauss in Hainfeld. Ein heimatkundlicher Beitrag zur Familiengeschichte der Strauß-Dynastie, Ramsau bei Hainfeld 1995.

Georg Bessell: Norddeutscher Lloyd: Geschichte einer bremischen Reederei 1857–1957, Bremen 1957.

Otto Brusatti (Hg.): Unter Donner und Blitz, Ausstellungsband, Wien 1999.

Dann Chamberlin: Mr. Strauss comes to Boston, in: Vienna Music. Journal of the Strauss Society of Great Britain, Winter 2022/23, S. 22–34.

Dann Chamberlin: Johann Strauss Jr. at the International Jubilee Ball (Held at the Coliseum, Boston, Mass., USA, June 26 1872), in: Symposium Johann Strauß, Musik – Umfeld – Interpretation, Tutzing 2003, S. 237–250.

Robert Dachs: Johann Strauss: »Was geh' ich mich an?!« Glanz und Dunkelheit im Leben des Walzerkönigs, Graz 1999.

Ernst Decsey: Johann Strauss. Ein Wiener Buch, Stuttgart-Berlin 1922.

Ludwig Eisenberg: Johann Strauss. Ein Lebensbild, Leipzig 1894.

Franz Endler: Johann Strauss. Um die Welt im Dreivierteltakt, Wien 1998.

Agnes Frittum: Eduard Strauss und seine Zeit, Dipl., Wien 2004.

Heinrich Eduard Jacob: Johann Strauss, Vater und Sohn: die Geschichte einer musikalischen Weltherrschaft, Hamburg 1953.

Harry Hellberg: Johann Strauss in Boston, Stockholm 1985 (Mailer Archiv, Krems).

Agnes Husslein-Arco (Hg.): Klimt und die Ringstraße, Wien 2015.

Otto Hietsch: Johann Strauß und Mark Twain, Österreichische Musikzeitschrift Nr. 19, S. 20–21, Wien 1964.

Hanns Jäger-Sunstenau: Johann Strauß. Der Walzerkönig und seine Dynastie, Wien 1965.

Werner Jaspert: Johann Strauss: Sein Leben, sein Werk, seine Zeit, Berlin 1939.

Peter Kemp: Die Familie Strauss. Geschichte einer Musikerdynastie, München 1991.

Wolfgang Kos: Experiment Metropole. 1873: Wien und die Weltausstellung, Wien 2014.

Zoë Alexis Lang: The Legacy of Johann Strauss. Political Influence and Twentieth Century Identity, Cambridge 2014.

Fritz Lange (Hg.): Johann-Strauss-Ausstellung in den Räumen des Hagenbundes, Wien 1931.

Michael Lemster: Strauss. Eine Wiener Familie revolutioniert die Musikwelt, Salzburg 2024.

Norbert Linke: Musik erobert die Welt oder Wie die Wiener Familie Strauß die »Unterhaltungsmusik« revolutionierte, Wien 1987.
Norbert Linke: Johann Strauss (Sohn) in Selbstzeugnissen und Bilddokumenten, Reinbek 2007.
Lloyd-Zeitung: Die Fortschritte des Deutschen Schiffsbaues unter besonderer Berücksichtigung der Entwicklung der Flotte des Norddeutschen Lloyd, Berlin 1909.
Siegfried Loewy: Johann Strauss, der Spielmann von der blauen Donau, Wien 1924.
Franz Mailer: Das kleine Johann Strauss Buch, Salzburg 1975.
Gabriel Milner: The Tenor of Belonging: The Fisk Jubilee Singers and the popular cultures of postbellum citizenship, in: The Journal of the Gilded Age and Progressive Era, East Lansing 2016, S. 399–417.
Wilhelm Mönckmeier: Die deutsche überseeische Auswanderung. Ein Beitrag zur deutschen Wanderungsgeschichte, Jena 1912.
Ethan Mordden: Ziegfeld. The Man Who Invented Show Business, New York 1908.
Paul Neubaur: Der Norddeutsche Lloyd: 50 Jahre der Entwicklung 1857–1907, Leipzig 1907.
Jon Seymour Nicholson: Patrick Gilmore's Boston Peace Jubilees, Diss., Michigan 1971.
Bliss Perry: Life and Letters of Henry Lee Higginson, Boston 1921.
Marcel Prawy: Johann Strauss, Wien 1991.
Stephen Puleo: A City so Grand. The Rise of an American Metropolis, Boston 1850–1900, Boston 2011.
Christoph Ransmayr: Die Schrecken des Eises und der Finsternis (Roman auf Basis der Quellen der Payer-Weyprecht-Expedition), Wien 1984.
Peter Sommeregger: Die drei Leben der Jetty Treffz – der ersten Frau des Walzerkönigs, Wien 2018.
Eva Maria Stöckler: »Anna Strauss und die Töchter Anna und Therese«, in: Neues Leben – Mitteilungsblatt der Deutschen Johann Strauss Gesellschaft, Coburg 2012, S. 75–82.
Michael Klaus Wernicke: Gescheiterte Rettung. Fünf Franziskanerinnen und der Schiffbruch der »Deutschland« 1875, Hamburg 1995 (darin eine genaue Beschreibung eines baugleichen Schiffs der »Rhein«).
Achim von Winterfeld: Der Norddeutsche Lloyd-Bremen, Leipzig 1913.
David Wyn Jones: The Strauss Dynasty and Habsburg Vienna, Cambridge 2023.
Zentrum für Angewandte Musikforschung, Donau-Universität Krems und Wiener Institut für Strauss-Forschung (Hg.): Associationen Josef Strauss, Wien 2020.

Bildnachweis

Wien Museum Online Sammlung: Vor-/Nachsatz (Karl Klič/Inv.-Nr. W 6209); 31 (Adolf Dauthage/Inv.-Nr. W 3725); 33 (Ludwig Schrank/Inv.-Nr. 51498/2); 66 (Ludwig Schrank/Inv.-Nr. 51505); 77 (Hugo von Strassern/Inv.-Nr. 51497); 106 (Gebrüder Winter/Inv.-Nr. 103431/328)

Jubilee Days, 1872, Vereinigte Staaten: J. R. Osgood: 110 (S. 19); 120 (S. 40); 133 (S. 59); 135 (S. 61)

Picturedesk.com: Cover (akg-images), 8 (Rupp, Wilhelm/ÖNB-Bildarchiv); 87 (Austrian Archives/brandstaetter images); 128 (Sammlung Hubmann/ brandstaetter images/picturedesk.com)

Alamy Stock Photo: 37 (Gustav Schönleber/Svintage Archive); 124 & 125 (Interfoto)

Wikimedia Commons: 47; 94 (Edward Knobel und Emil Ackermann/New England Lithographic Company) 2 (Philadelphia: Lee & Walkre, 1872/ Library of Congress, Music Division); 10 (Hannoverscher Courier, Sonntag, 5. Mai 1872, Morgen-Ausgabe); 16 (Bayerische Staatsbibliothek/Bildarchiv); 19 (Matthew White Ridley, Canadian Illustrated News, 4.4.1874, vol.IX, no. 14. 221); 23 (Archiv Deutsches Schifffahrtsmuseum Bremerhaven); 24 (Geroge Bys/Edmunds Studio, Chicago, IL); 29 (Passagierliste »SS Rhein«, Port of New York, 15. Juni 1872, Internet Archive, archive.org); 40 (getty images/ Hulton Archive/Freier Fotograf); 44 (National Portrait Gallery/Smithsonian Institution); 55 (James Wallace Black/ American Missionary Association/ Gladstone Collection of African American Photographs); 95 (Boston Public Library/Digital Commonwealth)

Coverillustration: Aleksandra Gustin

Autorenbilder: oben Sebastian Reich; unten Richard Tanzer

DANK

Die Autoren bedanken sich bei

Peter Hoseks Mutter, *Ingrid Hosek*, und Bernhards Schwager, *Christian Angerer*, für prompte und präzise Kurrentübertragungen.

Dann Chamberlin für die Klärung Bostoner Details.

Stephen Puleo für die unkomplizierte Lieferung seines Boston-Buchs »A City so Grand«.

Andrea Nolen für den wertvollen Hinweis auf »The Philharmonic«.

Teresa Profanter für das gekonnte Herausfischen von Schludrigkeiten und Kraftmeiereien, wie sie mit Vorliebe Journalisten unterkommen.

Prof. *Eduard Strauss* und Mag. *Susanne Strauss* für aufmerksam-kritische Lektüre, Austausch und Vernetzung.

Fritzi und *Daniela Kraus* für historisch-inspirierende Gespräche über Eisenbahnrouten und Polarexpeditionen am Rande der Tanz-Signale 2024.

Günter Stummvoll für fachkundige Navigationshilfe durch die Sammlung Mailer/Strauss Archiv in Krems.

Jens Prellwitz von der Staatsbibliothek Berlin für seinen Input zum Militärwesen und Militärkapellen im 19. Jahrhundert.

Dem Team des *Staatsarchivs Bremen* für Bild- und Recherchetipps zur »Rhein« und *Magdalena Gerwien* vom Deutschen Auswandererhaus in Bremerhaven für sachdienliche Hinweise zu Auswanderung im 19. Jahrhundert.

Den geduldigen Mitarbeitern der *Wienbibliothek*.

Elisabeth Stein und *Stefan Schlögl*, unseren Ermöglichern, Sparring Partnern, harten Verhandlungspartnern bei Molden/Styria.

Barbara nicht nur für den Hinweis auf Barbra (Streisand).

Unseren unwissentlichen Inspiratoren: *Norbert, Aneta, Sonja*.

Liebe Leserin, lieber Leser,

hat Ihnen dieses Buch gefallen? Sind Sie inspiriert von dieser Reise zurückgekommen? Dann freuen wir uns über Ihre Empfehlung! Weil jede gute Geschichte davon lebt, weitergetragen zu werden. Erzählen Sie in Ihrem Freundeskreis davon, in Ihrer Buchhandlung, oder bewerten Sie es online.

Wollen Sie weitere Informationen zum Thema? Möchten Sie mit den Autoren in Kontakt treten? Wir freuen uns auf Austausch und Anregung unter **post@styriabooks.at**
Geschenkideen und unseren Online-Shop finden Sie auf **www.styriabooks.at**

STYRIA
BUCHVERLAGE

ISBN 978-3-222-15127-9

Projektleitung: Stefan Schlögl
Mitarbeit: Kate Reiserer
Lektorat und Korrektorat: Teresa Profanter
Buchgestaltung und Satz: Studio Sasken, Aleksandra Gustin
Druck und Bindung: Florjančič, Maribor
Printed in the EU
7 6 5 4 3 2 1